KB137708

교육과정 중심 업무 재구조화의 실제

학교자치를 부탁해

교육과정 중심 업무 재구조화의 실제

학교자치를
부탁해

초판 1쇄 인쇄 2019년 3월 13일
초판 1쇄 발행 2019년 3월 23일

지은이 고은영, 권찬근, 양정열, 유우석, 임하빈, 정유숙
펴낸이 김승희
펴낸곳 도서출판 살림터

기획 정광일
편집 조현주
북디자인 꼬리별

인쇄·제본 (주)현문
종이 월드페이퍼(주)

주소 서울시 양천구 목동동로 293, 22층 2215-1호
전화 02-3141-6553
팩스 02-3141-6555
출판등록 2008년 3월 18일 제313-1990-12호
이메일 gwang80@hanmail.net
블로그 http://blog.naver.com/dkffk1020

ISBN 979-11-5930-093-6 03370

*가격은 뒤표지에 있습니다.
*잘못된 책은 바꾸어 드립니다.
*이 책은 저작권법에 따라 보호를 받는 저작물이므로 무단 전재와 복제를 금합니다.

이 도서의 국립중앙도서관 출판예정도서목록(CIP)은
서지정보유통지원시스템 홈페이지(http://seoji.nl.go.kr)와
국가자료공동목록시스템(http://www.nl.go.kr/kolisnet)에서 이용하실 수 있습니다.
(CIP제어번호: CIP2019008935)

교육과정 중심 업무 재구조화의 실제

학교자치를
부탁해

고은영 · 권찬근 · 양정열 · 유우석 · 임하빈 · 정유숙 지음

살림터

학교, 그 원형을 찾아

세종특별자치시 교육감 최교진

꼭 일 년 전에 소담초 선생님들이 원고 뭉치를 들고 찾아왔었다. 개교한 지 2년이 채 되지 않은 학교에서 그동안의 학교 이야기를 써서 책을 만들 예정이라고 했다. 대견하기도 했지만 수십 년의 역사를 가진 학교에서도 흔치 않은 일인데, 하다 지쳐 힘들어하지 않을까 하는 걱정이 되었던 것이 사실이다.

꼭 일 년이 지난 오늘 다시 소담초 선생님들이 원고 뭉치를 들고 찾아왔다.

"교육감님께서 지난번 추천사에서 '그래도 혁신학교'라고 하셨잖아요. 그래서 이번에 책 제목이 '그래도 혁신학교'예요."

이번엔 두 뭉치였다. 큰 제목이 '그래도 혁신학교', '학교자치를 부탁해'였다. 한편으로 놀라웠다. 하지만 바쁜 일상 때문에 잠시 미뤄 놓고 읽지 못하고 있었다. 잠시 짬이 나 고개를 돌렸더니 소담초 선생님들이 놓고 간 원고가 눈에 띄었다. 가벼운 마음으로 읽기 시작했다.

『그래도 혁신학교』는 웃긴 이야기인데 눈물이 나는 글이었다. 소담초에 근무하기 전까지, 혹은 교사가 되기 전까지 살아온 삶을 소소하게 풀어 나가고 있다. 그리고 소담초를 만났을 때 첫 느낌, 그 안에서 지내 왔던 일상 속에서 교사로 살아가는 이야기를 담담하게 풀어내고 있다.

좁은 임용의 관문을 통과하기 위해 온갖 스트레스를 견디며 교사가 되기를 갈망한 신규 선생님의 이야기에서 예전에 내가 처음 교사로서 아이들을 만났던 모습이 떠올랐다. 시대는 조금 다르지만 교사로서 살아가고자 하는 마음은 똑같구나. 신규 선생님이 교실 속에서 만나는 모습과 내가 만난 아이들의 모습이 하나의 그림처럼 겹쳐졌다.

서커스를 하는 맹수는 더 이상 맹수가 아니다. 조련사의 채찍질과 당근에 길들여져 야성을 잃어버렸기 때문이다. 더 슬픈 것은 반복된 훈련으로 재주를 부려 관객들의 환호성에 길들여져 가는 맹수의 모습이다.

우리 선생님들이 그러지 않았을까 걱정을 했다. 정해 놓은 길을 가도록 안내하는 조련사로 길들여진 것은 아닐까. 그래서 학교는 '살아 숨 쉬는 사람이 살지 못하는' 더 이상 맹수가 살아갈 수 없는 곳이 되어 버리진 않을까 하는 걱정이었다.

괜한 기우였다.

소담초는 교사가 교사의 역할을 잃어버리지 않았다는 증거를 이 책을 통해 보여 주고 있다. 교실을 넘고, 학교를 넘으려고 한다. 그것은 환호를 받기 위함이 아니라 아이들의 삶을 더 가까이에서 들여다보고 기꺼이 같이하기 위함일 것이다. 조련사의 모습이 아니었다. 기꺼이 '나'를 찾는 과정이었다. 그 안에서 다시 교사로서의 야성을 찾아가고 있었다. 덕분에 나의 역할도 다시 생각해 본다.

두 번째 이야기는 '학교자치를 부탁해'라는 큰 제목에 '교육과정 중심 업무 재구조화의 실제'라는 부제가 붙어 있었다.

우선 의문이 든다. 출판되는 혁신학교 책들은 대부분 수업, 평가, 토론, 프로젝트 등의 이름을 달고 있다. 그것이 학교 본연의 모습이며, 가장 유용하고 직접적이기 때문이다. 당연하다. 그런데 어째서 신설 학교나 마찬가지인 소담초에서 '지속가능성'이나 '업무 재구조화'라는 접근하기 어려운 주제를 전면에 내세웠을까.

읽는 동안 '두껍아, 두껍아 헌 집 줄게, 새집 다오'라는 전래 동요가 떠올랐다.

그래 집을 짓고 있구나!

흔히 넓은 거실, 커다란 창문, 알록달록한 벽, 화려한 인테리어가 있는 집을 좋은 집이라고 한다. 하지만 진짜 좋은 집은 밖에서 보기 좋은 집이 아니라 그 안에서 살고 있는 사람이 '주인'인 집이다.

삼삼오오 모여 집을 짓고 있다. 새집이 아니어도 된단다. 멋 부리려 큰 창문도, 화려한 벽지도 욕심내지 않는다. 우리 집은 우리 집답게. 특히 소담초의 두레 운영체제는 지금 터를 닦고, 기둥을 세우고 있다. 학교자치라는 이상을 머리에 담고 하나씩 스스로 살아가기 위한 집을 짓고 있다.

그 와중에 각각의 기둥을 버팀으로 만들어 가는 이야기는 새롭다. 아이들과 선생님, 그리고 학부모가 같이 만들어 가는 학교 축제 '놀담 먹담꿈꾸담'은 소담초이기 때문에 가능한 학교 축제의 모습을 보여 준다. 또 연수원학교는 연수의 진짜 모습을, 세상에 하나밖에 없는 연수를 보여 준다. 학생회에서, 학급에서 이루어지는 학생자치의 잔뿌리가 내리고 있는 모습을 보여 준다. 선생님들은 그것을 지원하기 위해 또 공부하고 있다. 이러한 과정을 보면 왜 두레라는 기둥을 세웠는지 그 시작을 짐작할 수 있다.

지금까지 한 일보다 해야 할 일이 많다. 과정에서 느껴지는 팽팽한 긴장감은 불안함보다는 오히려 든든함을 준다.

학교는 어떠해야 할까? 오래된 고민이다.

고민은 답을 준다.

담초도 고민 속에서 답을 찾아가고 있다.

2019년 2월

질문 같지 않은 질문이
필요 없기를 희망하며

청주교육대학교 교수 이혁규

"학교에서 수업과 공문 처리 중에서 어떤 것이 더 중요하다고 생각하십니까?"

질문 같지 않은 질문을 가끔씩 교사나 교장 선생님들을 대상으로 한 연수에서 하곤 했다. 수업보다 공문 처리가 더 중시되는 관료적인 학교문화를 쟁점화하기 위해서였다. 사실 학교의 본질을 생각해 보면 수업/공문 처리의 상대적 중요성을 묻는 질문은 성립조차 어렵다. 이런 질문은 기껏해야 〈개그 콘서트〉나 〈코미디 빅 리그〉의 소재쯤 되는 것이 옳다. 그러나 이 질문을 들은 연수 참여자들 중 누구도 웃지를 않았다. 질문 같지 질문이 필요한 현실이 엄연한 실제로 존재하고 있기 때문이다.

그런 점에서 경기도의 여러 혁신학교에서 업무지원팀을 만들어서 다른 교사들이 오로지 수업과 교육활동에 전념하도록 한 것은 중요한 시도였다. 나름의 성과도 적지 않았다. 그러나 몇 명의 교사에게 업무를 전담시키는 구조는 또 다른 문제도 야기했다. 업무지원팀에 속한 교사들은 무슨 고생인가? 업무지원팀과 담임교사 간의 소통 부족도 문제다. 결과적으로 학교 업무에 현장성이 부족해지는 문제도 발생했다.

소담초등학교의 두레 활동은 이런 기존의 실험을 넘어서서 교육활동을 학교의 중심에 세우기 위한 또 다른 여정이다. 두레는 학교자치를 위한 협의체이며 공동 성장을 위한 학습 조직이다. 이 책은 개교 3년째를 맞이하는 소담초등학교가 학교 혁신을 심화시키고 학교자치를 구현하기 위해서 왜 두레를 구상하게 되었는지를 설명한다. 그리고 두레가 어떻게 운영되었으며 앞으로 어떻게 나아가야 할지에 대한 모색도 담고 있다.

두레를 구상하고 실천하고 성찰한 기록을 읽으면서 나는 왜 책의 부제가 '교육과정 중심 업무 재구조화의 실제'인지를 생각했다. 혁신학교에 대한 대부분의 단행본들은 수업과 교육과정 혁신에 대한 이야기들인 데 반해 이 책은 학교 업무라는 제목을 달고 있다. 소담초등학교 구성원들은 수업과 교육활동을 중심에 두는 본연의 학교를 구현하기 위해서는 학교 업무의 재구조화라는 문제를 피해 갈 수 없음을 간파했으리라!

이 책의 많은 부분이 수업과 평가와 학생자치 등의 교육활동을 다루지만, 주된 문제의식은 학교 업무와 학교자치라는 주제를 전경화前景化한다. 그래서 이 책은 희소하고 가치 있다. 성공으로 미화하지 않은 날것의 기록을 읽는 긴장감과 재미도 있다. 이루어 낸 것보다 이루어야 할 것이 더 많은 어려운 문제를 던져 놓고 함께 고민해 보자고 초청하는 느낌이라고 해야 할까?

　민주주의와 학교자치가 작동하는 새로운 학교를 운영하는 틀로서 두레라는 공동체가 어떤 의미를 지닐까? 그것이 혁신학교를 지속시키고 학교자치를 발전시키는 하나의 유용한 모델이 될 수 있을까?! 이 책을 함께 읽으면서 각자의 학교가 처한 상황과 맥락을 고려하면서 각자의 두레를 구상해 보자. 그것이 저자들의 실험을 음미하고 충실히 독해하는 지혜로운 방식이 아닐까?! 동시에 소담초등학교 구성원이 만들어 갈 다음 이야기가 너무 궁금하다.

2019년 2월

작은 공동체의 참여, 두레

민주주의 최후의 보루는 깨어 있는 시민의 조직된 힘이다.

이 글귀는 신영복 교수가 노무현 대통령의 어록 중에 뽑은 것으로, 현재 노무현 대통령의 묘비를 지키고 있다. 이는 언제 들어도 설레는 말이다.

생각하는 사람, 참여하는 시민

이 글귀는 세종시교육청이 혁신교육을 내세우며 내건 세종시교육청의 지표이다. '민주공화국'을 가장 잘 표현한 말이 아닌가 생각한다. 물론 글귀가 곧 현실을 그대로 반영하는 것은 아니다. 하지만 적어도 '그곳으로 갑시다'라는 판을 깐 것이라 생각한다.

얼마 전, 교직 경력이 5년이 되지 않은 고등학교 선생님 말이 한동안 내 맘속에 맴돌았다. 학생자치에 대한 관심을 갖고 헌신적으로 만들어 가려고 노력했다고 한다. 나 또한 그 선생님 말이 빈말이 아님을 안다. 그러나 같이 지내 온 아이들에게서 돌아온 말은 '선생님, 간섭 좀 마세요'였다고 한다. 무엇보다 민주적이라고 스스로 자부했던 터라 인정하기 싫었고 아팠다고 한다. 역설적이게 이 얘기를 꺼내는 모습에서 '저 선생님은 진짜 민주주의를 꿈꾸는 사람이구나'라고 느꼈다. 부러웠다.

나는 민주적인 사람이고, 좋은 사람이라고. 그리고 적어도 나 정도 되면 괜찮은 교사라고. 나 또한 그렇고, 많은 교사들이 그렇게 생각하며 살아간다. 그것에 대해서 논의하고 싶은 생각은 없다. 그 전제에 '좋은 선생님'에 대한 꿈이 있을 테니.

그러므로 학교를 살펴봐야 한다. 교사에게 학교는 직장이라 싫어도 해야 하고 정해진 규정을 따라야 한다. 지금까지 학교의 가장 중요한 목적이 후세대에 지식을 전수하는 것이었고, 그것을 체계적으로 전수하기 위해, 역설적으로 그것을 통제하기 위한 체계가 필요하고, 결국 관료제가 지배하게 되는 구조였다. 교사는 좋은 성적과 관리를 잘해야 하고, 그것을 잘하는 방법이 최고의 노하우로 인정받았다.

문제에 봉착했다. 학교의 목적을 지식 전달에 두는 것이 아니라 '민주시민'이라는 가치로 이동하려는 움직임이 생긴 것이다. 이 실체 없는 목적이 길을 잃을 듯 말 듯하면서도 생명력을 유지하고 있다. 예전의 열린교육은 한동안 논의의 장에 나왔다가 수면 아래로 내려갔으나 이제는 다르다. 이제 시대와 만난 것이다. 더 나은 민주주의에 대한 요구가 있는 것이다.

그렇다고 학교에 대중 민주주의의 장을 그대로 옮겨 와야 하는 것은 아니다. 학교 고유의 역할을 수행하려면 일정한 관료적 체계도 동반될 수밖에 없다. 관료적 체계를 인정하는 범위 내에서의 민주주의는 얼마나 확장 가능한가.

'민주시민교육'이라는 말은 오묘하다. 가르치는 사람이 민주적이어야 배우는 사람도 민주적이며, 가르치는 '민주'보다 보여 주는 '민주'가 더 힘이 세다. 다시 말하면 교사가 민주적이어야 아이들이 민주주의를 배운다는 것이다. 또 '담임' 선생님은 그 학급에서 일어나는 눈앞에 닥친 일을 감당하느라 이러한 담론 자체를 의미 있게 받아들이기 어려운 현실이다.

두레는 학교를 종횡으로 묶는 구조로 되어 있다. 묶는 주제의 변동은 가능하다. 초기 주제는 학교 공통으로 합의해 나갈 사항들이고, 점차 구체적인 주제로 좁혀질 것이다. 혹은 필요하지 않다고 판단되어 소멸될지도 모른다.

그럼에도 학교의 업무를 교육과정 중심으로 구성하고, 그에 따른 종횡 협의 구조를 만들고, 이렇게 만든 작은 공동체 내에서 협의를 하고, 일정한 절차를 거쳐 의사결정에 이르는 구조는 절차적 민주주의의 도구이며, 교육과정 중심으로 이동할 때 고려하고 도전해 봄직한 체계임을 확신한다.

이러한 고민을 하면서 마음속 깊은 곳에서 '나는 민주적인가?'라고 끝없이 묻고 있다.

차례

1장

두레, 혁신학교의 지속가능성

유우석

두레는 지속가능할까라는 물음에 흔쾌히 '그렇다'라고
하기는 어렵다. 왜냐하면 우리 학교의 두레 운영 방식이
교수학습중심학교로 가는 길의 '최선'인지 모르기 때문
이다. 모른다는 말이 무책임하게 들릴지 모르지만 실제
그렇게 생각한다. 그렇더라도 이러한 노력들은 계속되어
야 한다. 학교의 일은 교육부에서, 교육청에서 주어지는
것이 아니라 그 학교의 상황을 반영하여 만들어 가는 것
이 맞다. 학교자치라는 측면에서 봐도 그렇다.

두레의 의미

길 위에서 또 다른 길을 찾는다는 말이 맞다. 2017년 말 교육과정 평가회였다. 학교 규모가 점점 커지며 학년 간에 만나는 일이 쉽지 않았다. 다른 학년에서 무슨 교육활동을 하는지 잘 알지 못했다. 교직원 전체가 모여 서로 한마디씩만 해도 시간이 모자랐다.

기획회의에 참석하는 부장교사들은 매주 회의에 참석하고 학년 교육활동을 기획 운영하기에 바빴다. 게다가 학교의 규모가 중간에 커지는 바람에 신경 쓸 일이 더 많았다. 규모가 달라짐에 따라 발령받아 오는 교사, 시간표를 비롯해 달라지는 시간들, 과학실, 강당 등의 공동 사용 공간의 재조정 등으로도 부산했다.

그 와중에 학교의 업무 및 인사는 12월에 정하기로 했다. 당시 교내 인사에 대한 규정을 수립 중인 인사자문위원회(이하 인자위)에 학교업무 체제 변경에 대한 제안이 있었다. 앞으로 교육자치가 중요한 시대적 흐름이 될 것이며, 그에 따라 학교도 자치 체제가 필요하다고. 그 첫 번째가 행정을 잘 처리하기 위한 업무 체계가 아니라 우리 학교에 필요한 업무로 조정이 필요하다는 의견을 냈다.

인자위에서는 그럼 업무지원팀의 업무 조정 및 구성에 대하여 먼저 확정을 하고 추후에 진행하자고 했다. 교무실에서는 학교업무에 대한 재구성을 통한 재조직이 시작되었다.

먼저 필수적인 업무와 우리 학교에 맞는 업무를 분류해 보았다. 학적, 교육과정, 방과후, 돌봄, 정보, 생활, 학생자치, 방송, 학부모회, 안전, 현장학습, 장학, 연수, 교과업무, 계기교육…. 학교업무는 나누는 만큼 있다.

다행히 우리 학교는 개교 때부터 업무지원팀, 학년업무와 학교 공통업무의 분리가 잘 되어 있었다. 따라서 학교 공통 업무의 재조정만 해도 되는 상황이었다.

각종 업무를 화이트보드에 붙여 놓고 분류를 시작했다. 출근하면 다시 보고, 점심 먹고 보고, 퇴근하며, 야근하며 고치기를 수없이 했다.

그 결과 총 다섯 개의 큰 업무로 조정했다.

1. 학교지원부(학적을 포함한 학교 교육 시스템에 관한 업무, 학생자치)
2. 교육과정지원부(학교교육과정)
3. 교사지원부(연수, 장학 등 교사의 역량과 관련한 업무)
4. 수업지원부(교과 운영 및 교과 평가와 관련한 업무)
5. 학생생활지원부(안전, 학폭 등 학생들의 생활과 관련한 업무)

학년의 업무 조정 시 업무지원팀의 업무를 기반으로 학년 내 업무 조정을 했다. 예를 들어 1학년 교사 중 한 명은 학년 내 학생자치 담당, 또 한 명은 학년교육과정 담당자가 있는 방식으로 각각 학년 내 업무를 맡는 것이다. 이로써 씨줄과 날줄을 구성하여 학교 내 씨줄을, 학년 내 날줄로 풀어 소통을 통해 공유하자는 일종의 서로 엮어 보려는 틀이었다.

처음에 제안했을 당시 이 협의체의 이름을 팀별회의라고 불렀다. 어떤 사람들은 TF라고 부르기도 했다. 학교 내 생명을 불어넣기 위해 새로운 이름이 필요했다. 학기 초 어느 날 주말 오후였다. 정담터(교무실 카페)에서 새로운 이름에 대한 논의를 했다. 씨줄과 날줄은 옷감을 가로세로 엮는 것에서 출발했다. 그러니 옷감을 짜는 '베틀'이라 하여 '베틀 회의'가 처음에 나왔다. 마치 싸우자는 협의 같았다. 다시 논의하여 '두레삼'이라는 이름을 찾았다. '공동으로 힘을 모아 삼과 같은 옷감을 짬'이라는 뜻이었다. 최종적으로 '두레'라는 이름을 붙였다. 협의체의 이름은 '교육과정 두레', '학교자치 두레', '학생생활 두레', '수업 두레', '평가 두레'라는 이름을 갖게 되었다.

낯선 이름만큼이나 할 수 있는 역할에서 혼란스러웠다. 더군다나 학급 수가 중간에 변동이 생겨 사람이 오고 가며 혼란스러웠고, 학교교육과정과 학년의 연계를 씨줄로 묶자고 했지만 그 소통 또한 어려웠다.

그럼에도 아직 협의체의 성과를 논하긴 이르다. 관례적으로 정해져 내려오는 협의체 말고 학교에서 새롭게 구성한 협의체라는 점에서 정체성에 대한 혼란을 겪을 수 있다.

우리는 지금껏 우리가 어떤 구조 속에 살고 있는지 살펴보지 못했다. 아마 전국의 '거의 모든' 학교에 '교무'라는 부장의 직함을 가진 교사가 있을 것이다. 그 못지않게 '연구'라는 직함을 가진 교사도 있을 것이다. 그리고 많은 학교에서 '정보부장', '방과후부장', '생활부장', '체육부장', '과학부장' 등이 있다. 이른바 기능부장이라고 부른다.

왜 이러한 부장들이 존재하는가. 더 정확히 이런 명칭을 가진 부장이 왜 존재하는가. 경험에 비추어 보면 쉽게 짐작할 수 있다. 약 10년 전 2000년대 중반 사교육을 줄인다며 방과후학교가 학교로 들어왔다. 그러나 이 '방과후'라는 업무가 교수학습활동과 관련이 적고, 예산 사용 같은 행정적이고 업무는 과다하여 교사들의 기피 업무 1호였다. 교육부 혹은 교육청이라는 행정청은 일선학교에서 '방과후부장'이라는 보직교사를 임명하도록 하였고, 이동가산점 등의 인사에 인센티브를 주었다. 그 결과 거의 모든 학교에서 방과후부장교사라는 자리가 마련되었고, 지금도 많은 학교에서 부장이 아니더라도 '방과후업무'를 맡는 교사가 있다. 이것이 대표적인 관료들의 행정 시스템이다. 다른 부장들의 명칭 또한 이와 별반 다르지 않을 것이다.

다만 교무, 연구라는 직위는 더 오래된 역사를 가지고 있으니 다른 사연이 있을 것이다. 일제 강점기의 잔재이거나 관료체제에서 신속하게 처리를 하기 위한 역할이 아닐까 짐작해 본다. 분명한 것은 관리자로 가기 위한 '중간다리' 역할이었고, 교육부, 교육청에서 부여받은 임무를 성실히, 신속히 수행하는 행정적 임무였음은 분명하다.

뛰어난 교사란 어떤 교사를 말하는 것인가. 신규 교사가 오면 교장실에서 '자네 배구 잘하는가'라고 물어봤다는 경험담은 특별한 일이 아니었다. 당시 교장 선생님들의 변은 '운동을 열심히 하는 교사가 일도 열심히 하더라'였다.

실제로 아이들과 잘 어울리는 교사보다는 공문을 놓치지 않고 아주 성실히 업무를 하는 교사를 원했다. 게다가 소위 '어른들'을 잘 모시면 그야말로 싹수 있는 교사였다.

이러한 문화 속에서 관리자는 '열심히 하지 않는' 교사나 혹은 신규 교사들에게 통과의례처럼 '공문 반려'를 하는 것이었다. 이 공문 반려는 '아무런 사유 없이' 반려함으로써 기안한 교사가 잘못된 부분을 스스로 찾아야 했다. 이른바 스스로 문제를 찾아 해결하는 능력을 배양하기 위함이었던 것이다. 왜 공문 반려를 했을까? 혹시 내 행동에 문제가 있었나? 문서에 문제가 있나? 갖가지 생각을 하며 스스로 위축되고 만다. 말 그대로 길들이는 것이다.

또 다른 예도 있다. 규모가 제법 큰 학교인데 업무가 적은 경우이다. 하지만 없지는 않다. 하다못해 '신발장 정리'나 '실내화 관리'라는 업무라도 만들어 줬다. 그 조그마한 일이라도 결재를 받아야 했다. 정성스레 만든 공문서를 새카만 결재판에 넣어 쉬는 시간이면 교무실, 교장실로 내려가 결재를 받는 것이다. 그런데 그러한 교사들이 많으면 교장실 앞에서 줄을 서서 기다리고 있는 경우가 왕왕 있었다. 결재가 늦을수록 일을 잘 못하는 교사가 되는 구조였다.

그 후 전자결재 시스템으로 바뀌었지만 여전했다. 구두로 먼저 보고, 그러고 나서 결재. 아마 지금도 이러한 학교가 많을 것이다. 결재판은 드는 순간 위아래, 수직이 생겨 버린다. 군대라면 아니 적어도 행정청이라면 이해할 수 있다.

학교는 행정청인가. 따지고 보면 학교는 행정기관의 역할도 있다. 하지만 그것보다는 교수학습기관으로서 역할이 본연이고 중요하다. 교수학습기관으로서의 목표는 '민주시민'의 장이라는 역할을 하는 것이다.

따라서 결재판으로 일이 결정되는 것이 아니라 협의를 통해 이루어져야 한다. 또 현장에서 가장 고민하는 전문가의 손에서 결정되고 운영되어야 한다.

학교는 민주시민의 장이 되어야 한다. 그곳의 운영 철학은 민주주의를 기반으로 해야 한다. 민주적인 환경에서 민주시민이 자란다. 민주적 환경을 만드는 가장 중요한 사람은 당연히 교사이다. 가장 많은 다수를 차지하기도 하지만 교사는 학생과 바로 대면함으로써 표정과 말투, 행동 그 자체가 민주시민 교육의 한 중요한 장면이다.

부여된 업무를 신속히 처리하는 일이 교수학습보다 우선시되거나, 능동적인 방안을 찾아가기보다는 시키는 일에 교사들이 노출되어 있는 환경이라면 그것은 교사 개인으로 끝나지 않는다. 교실에서 만나는 아이들에게 표정과 말투, 행동으로 고스란히 전해진다.

즉 현재의 학교 모습이 어떻게 투영되고 있는지, 여전히 효율성만 따지는 행정적인 일에 매몰되어 있지는 않은지, 또는 그것이 개인의 역량의 문제라기보다 구조적인 문제에 있지는 않은지, 이런 고민들이 부족했다.

이제 우리 학교에서 새롭게 시작하는 협의 운영체제는 지금까지의 이른바 '교무-연구'체계를 대체할 수 있다고 생각한다.

먼저 두레는 학교 구성원들 모두의 참여가 가능하다. 소그룹별로 주제에 대해 논의하고, 기획하고, 운영하고, 평가하는 것은 그 과정 자체로서 의미 있다. 이것이 바로 공동이 참여하고 책임지는 기획력이다.

이 단위는 소그룹으로 구성하는 것이 참여도를 높이고, 심도 있는 논의도 가능하다.

무엇보다 명시적인 구조의 변화다. 기존의 질서에서 새로운 질서를 만드는 것은 어렵다. 그리고 새로운 질서를 만드는 데는 새로운 구조가 필요하다. 새로운 구조로의 변화는 그 도전만으로도 해 볼 만하다. 지금도 개선하기 위한 여러 논의들이 지속되면서 덧붙여지고 있기 때문이다.

사회가 복잡해지고 생활 패턴의 변화, 무엇보다 인구의 증가로 인해 광장에 모여 논의하는 직접 민주주의를 실현하는 것은 어렵다. 다양한 형식의 대의 민주주의의 방법을 찾고 있으나 직접 의사를 표현하고 참여하는 것을 지향하는 것은 변함이 없다.

어떤 회의를 하더라도 십여 명이 넘어가면 충분한 협의가 어렵다. 이른바 빅마우스의 존재, 고약한 이해관계로 프레임 전환을 통한 주제 벗어나기 등 논의하고자 하는 바를 그대로 가져가는 것은 쉽지 않다. 또한 마지막 의사결정 또한 쉽지 않다. 다수가 존재하는 모임에서 최종 결정은 '다수결'일 가능성이 높다. 투표, 거수, 온라인을 이용한 투표 등의 다양한 방법을 활용하더라도 실제 그 운영은 생각했던 것과 다르다. 그것은 그 사안만 처리한다면 문제가 없으나 장기적으로 봤을 때는 매우 비민주적인 방법으로 전락하기 일쑤다. 즉 충분한 협의도, 합리적인 결정도, 그리고 그 결과도 상처뿐인 영광으로 남을 가능성이 높다.

그래서 많은 혁신학교가 월드 카페 등의 다양한 소그룹으로 협의하고 같이 나누는 방식을 택했던 것이다. 이는 고른 참여의 기회와 함께하는 공동체로서의 소속감 등을 가질 수 있다. 또한 협의에 의한 결정이 수월하기 때문이기도 하다. 무엇보다 의사결정에 이르는 단계에서 생각을 모으는 절차에 대한 경험은 중요하다.

두레의 종류 및 역할

무엇을 두레의 주제로 잡을 것인가라고 하는 고민의 시작은 현재 그 학교의 상황 인식에서부터 시작한다. 학교의 비전 실현, 현재의 아이들, 교직원, 학부모, 지역 여건뿐만 아니라 시대가 지향하는 사회적 가치도 고민 대상이 된다.

따라서 학교의 상황에 따라 다를 수 있다. 학생인권을 중요한 가치를 삼고 있다면 학생인권 두레를 주제로 하여 협의하고, 연구하는 팀이 만들어질 수 있다. 전문적학습공동체의 운영과 비슷하다. 즉 전문적학습공동체가 학교 운영체제의 기본 골격이 되는 구조인 셈이다.

이러한 형태가 가능한 이유는 학교라는 기관이 '행정기관'이면서 '교수학습기관'으로서의 모습이 동시에 있기 때문이다. 교장과 교감, 부장교사, 교사라는 단순하지만 직위와 직급이 존재하는 관료제의 특성과 교수학습기관으로서 학교의 조직 구성상 교장, 교감을 제외하곤 보직 개념의 '부장교사'와 교사는 위계에 있어 별 차이가 없는 상황을 고려한 것이다.

당연하게 소담초도 이러한 조건들을 고려하여 두레라는 운영체제를 도입했고, 여러 협의를 거쳐 두레의 주제를 잡았다.(2018년 기준)

당시 두레라는 협의체를 구성할 때 상황을 정리하면 다음과 같다.

소통과 나눔의 지속성을 고민했고, 그 원리로 권한과 책임의 분산에 두었다. 즉 협의체가 그 기능을 하기 위해서는 권한이 필요하다. 협의체마다 각각 고유 권한이 있고, 그 권한은 다른 협의체와 조율, 협력이 되어야만 작동 가능하다.

소담초에는 교실마실(학년학습공동체)을 통한 학년교육과정 책임 운영을 위한 협의체가 있다. 학년교육과정에 대해 책임 운영이 기본이지만 다모임(전체 교직원 협의체), 기획회의(교장, 교감, 부장회의 협의체), 두레, 3주체(학생, 학부모, 교사) 협의의 결과에 서로 영향을 주고받는다.

이 중에서 두레 회의는 지난 평가회를 통해 새롭게 구성된 협의체이다.

문제 인식

① 학교의 규모가 점점 커져 다른 학년과 교류의 어려움이 있다 (전체 회의의 한계).
② 한 학년당 8학급이 될 가능성이 있기 때문에 학년 부장에게 책임과 권한 분산이 필요하다.
③ 교사의 역량은 공문 처리가 아니라 교육활동을 기획하고 실천하고 평가하는 일이며, 두레는 그 주제에 대해 공동 기획하고 운영 및 평가할 수 있다.
④ 학교 전체와 학년의 연계성을 살릴 수 있는 방안이기도 하다.

⑤ 학년 부장들의 잦은 회의에 대한 피로감이 높다.

⑥ 무엇보다 교수학습기관으로서 자리매김할 수 있는 시스템 구축 등이 필요하다.

그 과정을 살펴보자.

① 학교교육과정과 학년교육과정을 씨줄과 날줄로 묶으며 서로 자연스레 연계성이 확보될 것으로 보았기 때문에 기능 중심의 학교업무를 교수학습중심으로 전환했다.

② 학교지원부장(교육환경 중심 및 학생자치), 교육과정지원부장(학교교육과정 중심), 수업지원부장(교사의 수업지원 및 학생 평가 중심), 교사지원부장(교사의 역량 강화 중심), 학생생활부장(학생생활 중심)으로 하되 이들은 업무지원팀으로 학년 및 학급의 일을 제외한 학교 일을 분담했다.

③ 학생자치 두레의 진행 간사는 학교지원부장이 맡으며, 학년별 1~2명이 참여하여 학생자치 두레가 되면 월 1회 학생자치에 대한 기획, 운영, 실천을 하고 공유하는 식이다. 그에 따른 의사결정은 자치두레에 있다.

④ 협의체가 구성되면 그에 맞는 의사결정 권한에 합의를 하고 협조한다.

④ 두레는 단기적 사안에 대한 의사결정과 장기적으로 그 주제에 대해 연구하며 방향을 설정하는 학습공동체이다.

⑤ 단기 과제에 대한 결정과 장기 과제에 대한 방향성 설정이라

는 과제가 부여되어야 협의체가 그 역할을 수행하고 지속성을 담보할 수 있다고 보았다.

-「소담초 중심으로 본 학교자율운영의 지향과 내용, 방법 탐색」 발표 자료 중 일부

즉 그 두레의 종류는 교육과정 두레, 학생자치 두레, 학생생활교육 두레, 수업 두레, 평가 두레로 총 다섯 개 두레이다.

소담초등학교 주요 협의체

범위	협의체명	참여	내용	비고
교직원 다모임	다모임	•교직원 전체	•학년활동 공유, 안건 등	
기획 회의	기획회의	•교장(감), 부장, 행정실	•현안 논의, 교육과정 운영 의사결정	
두레	교육과정	•교육과정지원부장 •학년별 학년부장	•학년교육과정 운영 논의	
	수업	•교사지원부장, •학년별 1~2인	•수업 성장 중심 협의	
	평가	•수업지원부장 •학년별 1~2인	•학생 평가 중심 협의	
	학생자치	•학교지원부장 •학년별 1~2인	•학생자치 지원 협의	
	학생생활	•학생지원부장 •학년별 1~2인	•학생 생활 관련 협의	
교실마실	교실마실	•동학년 교사	•학년별 교육과정 운영	
학습 공동체	학습공동체 학습공동체	•전교직원	•온책, 교육 에세이, 교육행정	
교육 3주체 협의회	교사회	•실근무 교사	•인사자문위(성과급, 학폭 등 교사위원 추천) •3주체 협의회 참여	3주체 협의 (생활 협약, 학기 말 교육과정 평가회, 월 1회 연석회의)
	학생회	•재학 학생	•학생자치 •3주체 협의회 참여	
	학부모회	•재학 자녀 학부모	•학부모회 운영 (동아리 중심 활동) •3주체 협의회 참여(생활협약, 교육과정 평가, 연석회의)	
평가회	교육과정 평가회	•전교직원 •교육 3주체	•학기, 학년 말 교육과정 평가회 •교육 3주체 평가회	

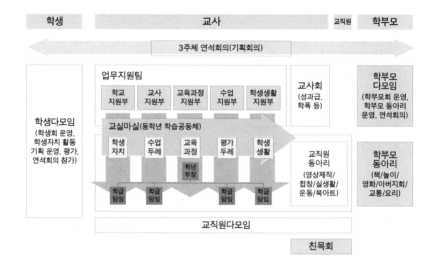

예시로 교육과정 두레를 살펴보면 다음과 같다. 교육과정 두레는 행정업무(공문 처리, 각종 보고 등)보다는 학교교육과정이 자리 잡아야 한다. 교육과정을 넓게 고민하는 교육과정 두레가 필요하다고 인식했다. 즉 학교교육과정을 담당하는 업무 담당자와 학년교육과정을 담당하는 학년 담당자가 그 구성원이 된다. 학년의 교육과정 운영자는 학년부장이다. 그러므로 학년부장협의회라고 보면 된다.

학교교육과정과 학년성을 고려한 학년교육과정과 연계 방안을 찾고, 학년교육활동의 현안들, 특히 큰 학교는 강당, 과학실 등 특별실과 같은 공간 활용에 대한 사항, 체육대회와 같은 일정에 관한 사항에 대한 논의가 많다. 또한 학년에서 일어나는 교육활동을 공유하는 자리이기도 한다. 물론 장기적으로 학교교육과정과 학년교육과정의 단단한 내용 체계를 만들고, 그 형식도 만들어 내야 한다.

협의한 내용은 교실마실(학년학습공동체)에서 공유한다. 공유하기 전 최종 의사결정은 교장, 교감, 행정실장, 부장교사가 참여하는 '기획회의'에서 한다. 다만 대부분의 결정은 그대로 진행이 되며 가끔 논의가 더 심화되기도 한다. 이런 형식으로 네 개의 두레도 같이 운영이 된다.

이렇게 소담초는 2018학년도에 5개의 두레가 운영되었다. 두레원 한 명 한 명의 역할이 크다. 적어도 그 주제에 대해서는 학교와 학년의 주요 메신저이기 때문이다. 물론 이로 인한 문제점도 발견되었다. 문제점에 대해서는 다른 장에서 다루기로 한다.

두레의 운영

두레는 의사결정을 위한 협의체이며, 장기 과제로 방향 설정 및 수행을 위해 연구하는 학습공동체이다. 즉 공동의 협의하에 결정하고, 공동으로 계획을 수립하는 체제이다. 그러므로 쉽게 결정을 하거나 방향을 수립하기 힘들다. 게다가 학년의 의견을 들어야 하는 과정도 있기 때문에 쉽지 않다. 또 이 방법이 최선의 방법이라고 말할 수도 없다.

역으로 생각해 보면 차곡차곡 기반을 다지는 작업이기도 하다. 서로 의견을 조율하는 과정 속에서 결정했다는 그 자체로 의미 있다. 건설 현장에서 몇 일간의 아르바이트를 한 후 완성된 그 건물을 지날 때마다 내가 돌 하나 얹었다는 생각을 하며 남다르게 느끼곤 하는 것과 비슷할 것이다.

우리 학교에서는 매주 1회의 교실마실, 격주 1회의 기획회의, 매월 1회의 전체 다모임이 정례화되어 있다. 그리고 현재 매월 1회의 두레가 운영된다. 즉 최소한 월 6회의 협의가 있고 부장교사는 8회의 회의가 있다. 매월 20일 정도 출근일이니 적지 않은 날이 협의로 이루어지는 것이다. 물론 실제 협의가 이루어지는 과정에서 만나는 협의까지 생각한다면 협의에서 시작하여 협의에서 끝난다고 해도 과언이 아니다.

하나 더 없는 것이 불편하지만 그래도 앞서 얘기한 두레의 역할을 보면 최소 월 2회 정도의 운영이 적당할 것으로 보인다.

각 두레에는 두레장이 있다. 두레장은 학교 업무의 일관성이 필요하므로 업무 담당자가 맡는다. 당연히 두레장들의 협의체도 필요하다. 현재는 매주 업무지원팀 협의체란 이름으로 수시 운영되고 있다. 이것이 가능한 이유는 교무실이라는 같은 공간에서 생활하는 시간이 많아 물리적인 환경이 받쳐 주는 것과 구성원들이 이러한 협의가 필요하다고 생각하기 때문이다.

두레장은 학교교육과정과 두레원의 의견을 모아 주제의 방향성과 그에 따른 계획을 세워야 한다. 항상 그렇지만 큰 줄기를 잡는 것은 어렵지 않지만 디테일한 부분에서 각 학년의 상황은 다를 수 있기 때문에 학년 간의 조율이 필요하다. 서로의 양보를 담보하는 것이라 만만치 않은 일이다. 간단하지만 월 1회로 이런 것을 논의하기에는 시간이 부족하다.

물론 이를 극복하기 위한 다양한 방법이 동원된다. 미리 안건을 수합하기도 하고, 의견을 조율해서 오기도 한다. 또는 협의가 지속될수록 '어차피 내가 낸 의견이 결정되지 않을 수도 있어'라는 생각이 자리 잡는다. 이게 무기력한 말 같지만 실제로는 큰 힘을 가지고 있는 말이기도 하다. 소중한 내 신념만큼이나 다른 사람의 의견, 공동체의 의견에 수긍하겠다는 말이기도 하다. 소중한 민주주의의 과정이다.

그 결과는 기록으로 남겨 공유하고, 의사결정이 필요한 사항은 기획회의에 올려 결정을 해야 한다. 물론 두레에서 협의한 의견은 최대한 의결을 하기로 의견을 모았다. 그러나 다양한 사람들이 살아가는 공동체에서 그것이 말처럼 쉽지만은 않다.

예를 들어 교육과정 두레에서 '기간제 교사의 동료 장학은 어떻게 할 것인가'가 현안으로 떠 오른 적이 있다. 2018학년도 2학기에 새로운 아파트가 입주하면서 학급 수가 늘어난 것이다. 교원능력개발평가와 연계하지 않고 '스스로의 수업 성찰'에 의미를 두었기 때문에 굳이 기간제 교사에게 동료 장학을 하게 할 필요가 있는가. 이 논의에서 교육과정 두레에서는 '기간제 교사에게 선택권을 주자'라고 했다. 사전에 어떤 학년은 같이하자라고 이야기된 부분도 있고, 어떤 학년은 안 했으면 하는 학년도 있었다.

아주 간단한 안건이었지만 기획회의에서 '기간제 교사도 수업을 하자'라고 결정이 되었다. 긴 시간의 논의였다. 각자의 입장이 소중했다. 결론은 하는 것을 원칙으로 하되, 학년별로 운영에 융통성을 주는 것으로 결론이 났다.

알고 보면 공동체에서 논의를 한 안건이 다른 공동체에 영향을 준다. 동료 장학은 교육과정 두레와 기획회의의 문을 통과해야 한다. 또 그것이 학부모와 관련된 사안이면 기획회의와 3주체 협의에서 통과되어야 한다. 즉 공적 공동체 간 서로 조율·협력해야 하는 관계인 셈이다.

두레에는 업무 담당자인 두레장 외에 각 학년에서 1인 이상이 참여하여 두레원이 된다. 두레원은 학년 의견을 전달하는 동시에 두레에서 조율된 의견을 전달하는 사람이다. 당연히 전달만 하는 것이 아니라 자신의 생각을 말하고 반영되도록 노력하는 구성자로서의 역할도 있다. 이를 통해 자신이 속한 두레의 주제가 학교에서 기획되고 운영되고 평가되는지에 대해 책임지는 사람이기도 하다.

당연히 학교 전체, 혹은 그 두레 주제에 대해서 기본적인 이해가 있어야 한다. 전체 틀에서 부분 틀이 어떻게 이루어지는지, 서로 어떤 조합 속에서 움직이는 파악해야 한다.

여기에는 현실적인 문제도 있다. 우리 학교의 예를 든다면 현재 다섯 주제로 두레가 운영된다. 즉 최소한 다섯 개 반 이상이 되어야 하고, 물론 이 여건을 고려하여 두레를 운영한다.

학년에서 각 두레의 주제에 관심 있는 사람이 있으면 좋지만 그러지 못할 수도 있다. 또는 막 전입한 신규 교사, 타 학교에서 전입한 교사 등은 이 운영체제를 이해하는 데 시간이 걸릴 수 있다. 이는 앞서 얘기한 두레원의 역할을 수행하는 데 편차가 생길 수 있다.

사실 이러한 모든 것보다 중요한 것은 공감대이다. 거의 해방 이후 70여 년 동안 뿌리 깊게 내려온 교무연구체제에 대한 관성은 힘이 세다. 새로운 운영체제가 뿌리를 내리기 위해서 외부 못지않게 내부의 저항도 생기기 마련이다. 어떠한 문제가 생겼을 때 원래대로 했으면 괜찮았을 것이라는 저항을 이기기란 쉽지 않다. 혹은 이러한 체제 덕분에 생기는 그 무엇은 '그 무엇'으로 끝나기 쉽다.

두레 운영의 지속가능성

두레는 지속가능할까라는 물음에 흔쾌히 '그렇다'라고 하기는 어렵다. 왜냐하면 우리 학교의 두레 운영 방식이 교수학습중심학교로 가는 길의 '최선'인지 모르기 때문이다. 모른다는 말이 무책임하게 들릴지 모르지만 실제가 그렇다. 하지만 이러한 노력들은 계속되어야 한다. 학교의 일은 교육부에서, 교육청에서 주어지는 것보다 그 학교의 상황을 반영하여 만들어 가는 것이 맞다. 학교자치라는 측면에서 봐도 그렇다.

우리 학교의 예를 들어 보면, 지난 2017년 말 평가회를 통해 두레라는 운영체제를 구성했다. '모든 구성원의 참여', '개인의 결정이 아니라 공동체의 결정'이 핵심 가치이다. 이는 일사불란하게 업무를 처리하는 방식과는 다르다. 즉 일사불란함을 강조하고, 그것이 필요한 사회라면, 혹은 내부 구성원이 요구한다면 얼마든지 바뀔 수 있다.

그럼에도 우리 학교에서 운영이 가능했던 몇 가지 중요한 사실들이 있다. 먼저 업무팀을 운영하고 있었다는 것이다. 학교 공통 업무와 학년(급) 업무의 분리가 되어 있었다. 때문에 학교 공통 업무와 학년(급) 업무를 어떻게 엮을 것인가의 고민이 있었다.

두 번째 구성원의 양보와 배려, 그리고 역량이 있었다. 두레를 운영하기 위해서는 두레 운영체제에 대한 이해를 체득한 두레장이 역할을 해야 한다. 여러 명이 팀이 되어 의사결정하고 방향을 정하는 일은 쉽지 않다. 그만큼 역량이 가능했다는 것이다.

또한 교무라는 직위에 대한 보이는, 보이지 않는 혜택들이 있다. 예를 들어 전직 시험을 볼 때 가산점을 포기한다든지, 대외적으로 교무라는 직위는 학교 운영을 실질적으로 통할한다는 관례가 있는데, 이를 내려놓는다는 의미이기 때문이다. 이해관계에서 이런 유무형의 자산을 내려놓는다는 것은 쉽지 않고, 다른 학교에서 시행하기에 가장 큰 걸림돌일 것이다. 부연하자면 교육자치 혹은 학교자치가 지향점이라면 이는 교육청 차원에서도 두루 살펴볼 일이다.

당연히 이런 기반을 갖춘 우리 학교의 문화가 있었다. 왜 바꾸느냐고? 혹은 여러 70년 이상 내려오던 체계를 바꾸는 것에 대한 관성을 이겨 낼 힘이 있었다는 것이다. 이상이 두레 운영체제를 갖추기 위한 우리 학교의 기반 여건이었다.

그런데 지속가능하기 위해서는 그 너머가 필요하다. 현재 시도하고 있는 것을 학교의 각종 지표로 넣는 것이다. 몇 해 전 유치원에서 '일일교육계획안'을 두고 논쟁이 된 적이 있다. 오랫동안 시행해 왔고, 교사로서 당연히 수업 준비 차원에서 해야 한다는 입장과 실제 일일 계획안은 그 목적을 벗어나 '완전 행정'적인 절차일 뿐이고, 오히려 유치원 문화를 경직되게 한다는 논리였다.

결론은 학습공동체를 활용하여 수업 준비를 하고, 폐지한다는 것이 교육청의 입장이었다. 그 방향에서 입장 정리가 끝난 것이다. 문제는 그다음이었다. 유치원 평가라는 것이 있었다. 이는 교육부에서 3년마다 유치원을 평가하는 시스템으로 각종 지표가 있었다. 그 지표 안에 '일일교육계획안'을 작성하고 있느냐는 항목이 들어가 있었다. 지표를 만드는 사람은 전국 원장과 정책 입안자였던 것이다. 일대 혼란이 있었다. 거시적인 방향보다는 미시적인 지표가 현장을 주도하고 있었던 것이다.

우리 학교에서 추구하는 운영체제를 담보하기 위해 지표에 넣는 작업들을 진행하고 있다. 아마 처음에는 초보적인 수준에서 가능할 것이며 앞으로 조금씩 지표에도 들어갈 것이다. 이는 지표뿐만 아니라 통지표, 안내장 등등 여러 통로로 안내되면서 공식화 작업을 할 것이다. 부연하자면 이러한 논의가 나오는 것이 두레이며, 구체적으로 업무팀 협의에서 나온 것이다.

학교에서 1년만 근무한 교사라면 교무라는 상을 이미지로 그린다. 약간의 차이는 있을 수 있으나 대부분 학교의 교무에 관하여 총괄하는 사람 정도 될 것이며, 사람에 따라 일을 잘 시키는 사람, 헌신적인 사람, 관계가 좋은 사람, 관리자와 조율을 하는 사람 등으로 부각되기도 하지만 교무의 이미지는 별반 다르지 않다. 오랫동안 착근되어 온 제도이며, 착근되는 동안 빈칸을 메우는 작업이 진행되어 빈틈을 찾기 쉽지 않다. 그런 상황에서 두레 운영체제를 갖는다는 것은 쓸데없는(?) 실험이라고 생각할지 모른다. 그리고 빈틈이 발생할 것이며 그 빈틈은 논쟁의 여지가 될 것이다. 그래서 두레 운영에 대한 공유가 필요하다. 많은 구성원들이 두레의 필요성에 대해 공감해야만 작동 가능하다. 이는 참여를 담보로 하기 때문에 더욱 그러하다.

이 체제가 동시에 주요한 공식 소통 체계가 되어야 한다. 어떤 일을 제안할 때 누구에게 어떻게 제안해야 논의상에 오를 수 있는지, 혹은 문제 상황에 맞닥뜨렸을 때 문제를 해결하기 위해 누구에게 얘기를 해야 하는지, 혹은 궁금한 것이 있을 때 누구에게 물어봐야 하는지를 알고 있는지, 이런 것이 곧 소통 체계가 작동하고 있는 것이다.

두레의 원활한 운영을 위해 두레장의 역할이 막중함은 당연하다. 계획을 세워 교감-교장 결재라인을 통해 결재를 득하고 구성원들에게 안내하면 공식화되는 기존의 체계보다 두레장은 두레원들의 의견을 모으고 조율하고, 방향을 안내하고 정리해야 한다. 그야말로 학교 전체 중 한 줄기를 기획, 운영 평가하는 것이다.

누가 두레장이 될 것인가? 또는 누가 두레장의 역할로 적당한가? 이것은 두레원이 안다. 예를 들어 학생자치 두레를 운영하는 두레원 중에서 후임 자치두레장이 되는 것이다. 물론 학교장이 인사권자임을 부인하자는 것이 아니라 이렇게 사람이 성장하고, 성장한 결과가 인사로 반영되어야 한다.

혹은 교실마실 장이 두레장을 할 수 있다. 교실마실 자체가 협의체를 운영하는 것이기 때문이다. 부연하자면 작은 공동체 내에서 리더가 되고 좀 더 큰 리더로 탄생할 수 있을 것이다. 즉 리더를 키워 내는 공동체가 되는 것이다.

또한 두레의 장기적인 계획이 필요하다. 학교 일이 연속성을 가지는 것이며, 그 연속성의 기준의 끝에는 비전이 존재해야 한다. 그리고 현재 지점과 비전 사이에 두레가 길을 내는 것이다.

대내외적으로 두레의 위상 확보가 필요하다. 각 주제에 대한 현안이나 연구가 학교 교육활동에 반영되어야 한다. 좋은 말 가득하고 실천이 동반되지 않으면 허상이다. 따라서 학교에서 공식화시키는 작업이 필요하다. 그래서 소담초는 기획회의를 두었다. 물론 두레와 기획회의에 중복 참여하는 사람도 생긴다. 국회로 말하면 두레는 각종 상임위, 그리고 기획회의는 법사위 혹은 전체 회의 정도 되겠다.

그렇게 마련된 안들은 내부 결재를 통해 문서로 공식화된다. 물론 세세한 건을 모두 다 다루지는 않는다. 어떤 범위에서 어느 정도까지 할 것인가는 논의 과정에서 자연스럽게 조율되고, 전혀 새로운 상황이 생기기도 한다. 어쨌든 이 또한 해결해 나가야 될 일이다.

이제 홍보다. 한 학교가 하는 것보다 두 학교가 하는 것이 낫다. 그리고 그에 따른 시행착오를 줄이면서 더 나은 체계를 발전시킬 수 있다. 낡은 행정중심의 학교 운영체제에서 실질적인 교수학습 운영체제로 바꾸는 방안으로 충분히 매력이 있다. 또한 이것이 학교자치로 나아가는 명시적인 형태가 될 것이다. 구조적인 문제는 구조를 바꿈으로써 해결해야 한다. 더 나아간다면 교육청의 지원 형태도 바꿀 수 있다. 그것이 바로 아래로부터의 운동 모습이다.

해결해야 하는 문제

아직 운영체제에 대한 골격만 있지 구체적인 역할과 주제 선정 등에 대해서는 초보 단계이다. 무엇보다 학교에서 가장 필요한 주제를 선정하고, 그 주제에 두레로 운영하는 것도 일반 학교에서 힘든 과정일 수 있다. 더 정교하게 다듬는 일은 계속되어야 한다. 1~2년이 아니라 최소한 5년을 바라보고 가야 한다.

다음은 소통이고 이를 위한 시간 확보이다. 시키는 일은 빠르고 그에 대한 부담도 적다. 하지만 여러 명이 만드는 일은 더디고 그것이 최선인지 명확하지 않다. 그리고 중간에 걸려 넘어지는 것을 이겨 내기란 쉽지 않다. 더디지만 갈 수 있는 힘이 필요하고 이것은 끊임없는 소통밖에는 없다.

다음은 기록하는 것이다. 기록은 기록 자체로 의미가 있고 기록을 하면서 정리하는 효과가 있다. 또한 정리하면 다음 과제를 발굴하기도 한다. 그러나 일상처럼 벌어지는 일을 기록하는 것은 쉽지 않다.

모두의 참여가 기본 원칙이긴 하나 현실적으로 쉽지 않다. 신규 교사가 다수인 세종시의 특성상 그러하고, 육아 시간, 출장 등으로 공백이 생긴다. 그 공백은 고스란히 의사결정 권한과 책임의 짐이 된다. 물론 대안으로 학년 학급 수보다 적은 필수 두레를 운영하여 여분의 교사가 있도록 하는 방안, 혹은 수습하는 학습공동체를 운영하는 것도 가능하다. 어쨌든 구성원이 모두 참여하여 무엇인가를 만들어 가는 일은 어려운 과제임은 분명하다. 그럼에도 대안을 찾고 보완해 나가는 과정은 끊임없이 필요하다.

소담초등학교 선생님의 저력과 야망에 박수를 보냅니다

학교를 공동체의 공간으로 만든다는 것은 현재 우리 사회에서 거의 불가능에 가깝습니다. 이야기한 것처럼 법적 정당성을 갖춘 상위기관의 미시적 지침 혹은 행정 사항은 공동체 행위의 방향을 여지없이 흔들기 쉽습니다. 그럴 때마다 학교 구성원들은 자신의 지위를 낮게 설정하게 되지요. 또한 교과 혹은 학급 담당 교사로서 기능이 공무원인 교사의 정체성으로 자리한 것이 100년입니다.

주체성, 민주성, 공동체성 경험이 척박한 토양에서 이것을 주 양분으로 자라나는 학교공동체는 더디 자라고, 가냘프며, 단단하지 않을 것입니다. 그 열매 또한 크지 않을 것입니다. 이 상황에서 정성과 지혜와 인내로 단단하게 키우고자 하는 일을 야망이라 표현하지 않을 수는 없을 것 같습니다.

학교장, 교감이 함께하는 기획회의, 학년별 학습공동체, 두레, 3주체 협의회와 각 주체별 자치회를 질서 있게 운영하는 것은 공동체학교의 열매를 반드시 맺게 할 것입니다. 공동체라는 것이 구성원 전체가 지

1장 두레, 혁신학교의 지속가능성 | 41

향할 그 무엇을 중심으로 일관된 행위가 일어나는 집단이니, 소담초의 그 무엇이 한없이 궁금해집니다. 소담초 구성원이 지향하는 비전, 가치, 철학 등은 틀림없이 구성원이 꿈꾸는 아이들의 그 무엇일 터이니 소담인이 꿈꾸는 아이들의 그 무엇은 도대체 무엇일까요?

그것을 위해 이 힘든 행위를 한다는 것은 매력과, 리더십과, 십자가를 진 자의 희생과, 보람을 확인하는 과정과, 이에 박수 보내는 응원부대까지 모두 갖췄다는 말이겠지요.

씨줄과 날줄의 두레가 조직되고 실제 운영된다는 것은 소담초등학교 교사공동체의 백미라 할 수 있겠습니다. 효과적, 효율적 소통을 위한 미니스쿨이 결국 학년 간 단절로 인해 공동체성을 상실하고 학년 단위의 작은 공동체만 남는 것과는 엄청난 차이가 있습니다. 가당찮게 조언한다면 이를 보다 잘 운영할 수 있는 절차와 도구와 지원 등을 정리하고, 참여자의 자발성과 효능감을 갖게 할 홍보, 박수 등의 촉매를 정리하면 대규모 학교의 혁신학교 운영 장치로 전국의 학교와 학회에 제시해야 할 새로운 모델일 듯합니다. 이 정리된 자료를 리플렛 등으로 잘 만들어 전입 교사, 학부모, 세종의 포럼 등에서 발표하고, 그 결과를 함께 연구하는 행위는 지속가능성 고양 측면에서 효과가 있을 것입니다.

지속성과 발전의 핵심이 무엇일까, 아래와 같이 생각해 보았습니다.

1. 공동체학교에 필요한 장치를 꼭 필요한 만큼 정확하게 마련했다는 점
2. 핵심 리더 그룹과 리더 그룹 양성 기능을 하는 기획회의, 그 기

획회의에 관리자가 함께하는 점은 지속가능성의 핵심

3. 교사들의 공동체성 핵심 장치로서의 두레

4. 학생과 학부모의 공동체성 핵심 장치로서의 3주체 연석회의

5. 기획회의에 참석한 사람은 공동체에 대한 이해와 교육적 의미
를 수준 높게 부여할 수 있도록 지속적 노력이 필요

6. 기획회의 참석자의 소담초등학교 운영체제에 대한 이해, 공감
대, 의미부여 과정이 지속적으로 일어나 자신의 신념체계에 편
입되어야 하는 점

7. 소담초에 대한 이해가 낮은 사람과 낯선 사람을 위한 단순한 체
계도(고품질 디자인과 용지 그리고 매력적 지향, 체계, 결과가 한
눈에 들어오는 도식) 마련 등의 신규 일원을 위한 준비

두레 운영 시스템을 감동받으며 읽었습니다. 꽤 고단한 일상이라 생
각했는데 갑자기 편한 일상을 살고 있다는 느낌이 들었어요. 소담초
운영 시스템에 관한 연구와 공유 행위 등은 추후 의논했으면 합니다.
소담초등학교의 모든 구성원을 존경하게 되었답니다.

2장

학생자치 두레 이야기

고은영

부장들만이 업무를 기획하고 책임지는 것이 아니라, 학교의 모든 구성원이 의사결정권을 가지고 학교 운영에 참여하고 그 책임 또한 함께 지는 것이다. 귀찮고 어렵다. 더디고 성가시다. 그러나 이 길이 우리 안의 민주성을 만드는 과정이다. 누군가의 훌륭한 신념보다, 누군가의 훌륭한 교수·학습 기술보다 더 중요한 것은 함께 만들어 나가는 그 과정이다. 점점 커지는 학교에서 교육 목표와 비전을 공유하고 목표를 향한 길에서 함께 기대고 나누며 걸어갔으면 한다.

두레의 시작

"그걸 왜 해야 하나요?"

한 해 동안 두레회의를 경험한 후 연말의 두레 평가회에서 나온 질문이다. 이보다 얼마 전에는 "민주적인 학교라면서, 두레체계는 왜 비민주적으로 결정했나요?"라는 질문을 들었다.

아, 이런. 두레회의에 대한 이해가 서로 꽤나 다르구나. 이 회의가 기획되고 운영되기까지 사람들은 그 의의에 대해 공감하지 못했구나. 만일 그랬다면 참여가 얼마나 힘들었을까.

"두레"라는 이름이 만들어진 주말의 그 어느 날을 아직 선명히 기억한다. 기억력이 상당히 나쁜 나로서는 대단한 일이다. 당시 무릎을 탁 치며 '이거다!' 싶었기 때문이다. 소담의 갈등, 위기를 완화할 수 있는, 그리고 소담의 중요한 가치인 민주적인 학교문화를 만들기 위해 좋은 시스템이라고 생각했다.

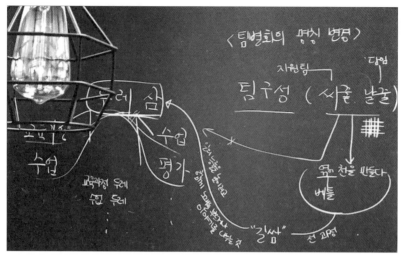

두레 명칭 논의

두레회의는 여태껏 본 적도, 들은 적도 없는 체계다. 혁신학교란 새로운 무언가를 해야 한다는 바깥으로부터, 그리고 안으로부터의 오해를 갖고 있으나, 혁신학교라서가 아니라 우리 학교라서 창안된 것이지 싶다. 소담이 민주성과 자율성, 공공성을 중요한 가치로 삼기 때문이다.

세종 혁신학교의 4대 과제인 창의적 교육과정, 민주적인 학교문화, 전문적학습공동체, 윤리적 생활공동체 중 소담에서 가장 먼저 확보하고자 했던 것은 민주적인 학교문화이다. 교육과정부터 손대 보려다 거꾸러지는 혁신학교 사례를 많이 봐 왔다. 교육과정 자체보다 그 교육과정을 만드는 사람들의 문화부터 만들어야 한다고 생각했다. 사람들은 옳은 사람이 아니라 좋은 사람과 일하고 싶어 한다. 구성원들이 서로 따뜻한 관계를 맺고, 수직적 관료체계를 벗고, 함께 기획하고 결정하며 책임지는-모두가 학교의 주인이 되는-문화가 우선해야 한다고 생각한다.

민주적인 학교는 누군가 만들어 놓은 것이 아니라 모두가 참여하며 함께 해결하는 과정을 통해 만들어진다. 자율성과 공공성은 함께해야 한다. 학교라는 큰 공동체 안에서 개인은 공적 사고를 기반으로 창의성을 발휘해야 한다. 그렇지 않으면 개인주의, 학년이기주의 등에 매몰될 가능성이 크다. 개인의 가치와 취향은 중요하나 학교교육이라는 테두리 안에서 교사로서의, 구성원으로서의 개인은 사적 존재를 뛰어넘어야 한다. 각각의 개인이 공공성을 갖기 위한 장치가 필요하다.

소담의 교사들은 누구 하나 빼놓지 않고 자신의 자리에서 최선을 다하고 있다. 그러나 학교가 커질수록 소통과 교류가 어렵고 개인마다의 차이를 좁히기 어렵다. 어떤 학년은 교육과정의 연구가 활발하지만 어떤 학년은 교실끼리의 소통마저 어려울 수 있다. 학교 공통의 과제 역시 학년마다 진행 과정과 결과가 다르다. 따라서 큰 조직일수록 중규모, 소규모의 집단 및 개인을 꿰뚫는 시스템이 필요하다. 기존의 학교에서는 교무회의, 부장회의가 그 자리를 차지했다.

교장-교감-교무-부장-담임교사로 내려오는 수직체계. 학교의 중요한 의사결정 권한은 관리자와 부장교사들에게 있고 담임교사는 결정된 무언가를 따르면 되었다. 중요한 업무는 부장교사들이 맡으며 이를 교무부장이 총괄했다. 자연스럽게 이들에게 권한이 집중된다. 물론 책임 또한 이들에게 집중된다. 이에 따라 보통의 교사들은 윗사람들이 시키는 일만 해내면 되고 자연스레 학교 운영에 관심이 줄어들게 된다.

이런 수직적인 문화 속에서 구성원이 민주적 발상을 하기란, 이유도 필요도 없는 허무맹랑한 일일 뿐이다. 물론 이런 교사들 아래서 학생이 민주성을 배울 수 없는 것은 당연하다. 배움은 책이 아닌 삶에서 이루어지는 것이므로.

"민주적인 학교"를 주창하는 소담에서는, 이 수직체제를 지양하고 모두가 참여하고 소통하는 체계를 만들기 위해 애썼다. 두레회의는 기획회의, 연석회의 등을 비롯해서 이를 실현하기 위한 조직 중 하나다.

우리 학교에는 이미 교사들의 교실마실과 기획회의, 학생들의 학급회의와 전교회의, 학부모들의 학부모회의가 있고, 이 세 개의 주체가 만나는 연석회의라는 협의체계가 존재한다. 그러나 하나 아쉬운 게 있다면, 업무지원팀-담임교사의 연결고리가 없다는 것이었다. 학교의 얼개를 짜는 업무지원팀의 기획이 현장성을 잃지 않기 위해서 교사들 모두와의 소통이 필요하다. 그리고 학년마다 다른 개성으로 만들어지는 교육과정을 관통하는 학교교육과정의 마련이 필요하다. 공교육기관에서의 질 관리이기도 하며, 우리의 공통 목표를 확인하는 작업이기도 하다. 동시에 큰 조직에서 작은 조직들 간의 교류와 결합이기도 하다. 앞의 필요성 말고도 개인적으로 두레에게 간절히 바라는 것은, 업무지원팀과 담임교사들 사이의 빈번한 갈등과 오해를 해소하는 역할이다.

소담의 업무지원팀, 그 시작

혁신학교를 만들고자 한 개교T/F팀 다섯 명이 2016년 소담초에 모여 시작했다. 그리고 각 지역의 혁신학교 출신의 교사 일곱 명이 합류했다. 개교 전 두 달 동안 열 두 명의 개교 멤버들은 교육과정, 수업, 평가뿐 아니라 생활교육, 학생회, 학부모회, 학생동아리 등 학교에서 펼쳐지는 많은 것들에 대해 끊임없이 토의했다. 그리고 업무지원팀이 만들어졌다. 교사가 학습, 생활교육에 몰입할 수 있는 환경을 마련하기 위해서였다. 게다가 삼 년 동안 학구의 아파트들이 하나씩 띄엄띄엄 입주를 하니, 새로운 학생들이 계속 전입을 할 것이다. 학생들이 잘 적응하고 학교 분위기를 안정시키는 것이 개교 초반부터 주요 과제였다.

2017년, 혁신학교로 지정됐다. 긴 이야기가 있으나 어쨌든 지정되었다. 동시에 임시 수용했던 아이들이 빠져나가면서 많은 선생님들도 함께 나갔고, 빈자리에 새로운 선생님들이 들어왔다. 한 해 동안 635명의 아이들이 전입했다. 아이들은 놀랍도록 빠른 속도로 학교에 적응했다. 소담의 식구들 모두 열심히 살았다.

2018년, 또 새로운 선생님들이 왔다. 삼 년 동안 계속되는 아파트 입주 덕분에 아이들도, 선생님들도 해마다 늘어난다. 열두 명에서 마흔 네 명이 됐다. 처음 개교 멤버들의 열띤 논의들로부터 나온 철학과 약속을 유지하기 어려워졌다. 사람이 많아진다는 건 삶이 다양하다는 것이다. 마흔 네 명 각자가 살아온 경험이 다르다. 교육관도 다르고 교수·학습방법도 다르다. 이 많은 사람들이 공통된 목적을 가진다는 것, 참 어렵다. 하물며 목적에 다다르는 길, 어떻게 하나일 수 있을까.

업무지원팀의 존속에 대해서는 해마다 다시 이야기된다. 담임교사들의 행정업무들을 업무지원팀에서 맡아 함으로써 아이들에게 집중하고자 하는 취지는 아름다우나, 운영하면서 오해와 갈등이 생긴다. 지원팀 교사는 수업 시수가 담임교사보다 현저히 적어서 매년 원망의 눈초리를 받는다. 학년에서 펼쳐져야 할 일들이 지원팀에서 기획되니 온도차가 생긴다. 예산을 지원팀에서 독점한다는 오해를 받는다.

처음의 선한 의도에서 출발했던 지원팀이지만, 되풀이되는 원망과 오해, 갈등에 동력을 잃는 게 사실이다. 지원팀은 희생이다, 힘들어도 지지는 못 받고 원망만 들으니 이 팀에 누가 들어오려고 하겠느냐는 말이 끊이지 않는다. 지원팀의 구성원이 조금씩 바뀌는데, 모두들 물리적으로 그리고 정신적으로 부침을 겪기에 한 해 넘게 버티는 사람이 잘 없다.

우리 구성원들 사이에 꼭 필요한 것은 지원팀 교사와 담임교사 간의 따뜻한 소통이며 배려라고 느낀다. 서로에 대한 이해가 부족하여 갈등이 생긴다. 이 갈등을 풀지 못해서 업무지원팀이 사라지는 혁신학교들을 본다. 그러면 학교의 많은 업무들이 산산이 흩뿌려진다.

교사들의 품 안에 다시 검은 결재판이 들린다. 좋은 수업, 좋은 생활교육보다 더 쉽게 드러나는 교사의 업무능력은, 교사들로 하여금 수업보다 공문 처리를 우선시하게 만든다. 자신에게 주어진 업무를 눈에 띄게 열심히 하게 만든다. 학교에 행사가 하나둘 늘어난다. 담당자의 업무를 처리하기 위해 학교 전체가 하위 업무를 처리해야 하게 된다. 신속히 업무처리를 하기 위해 수업 중 아이들은 자율학습을 하게 된다.

아이들에게 집중하는 학교를 위해 업무지원팀은 유지되어야 한다. 그러나 업무지원팀과 담임교사 간의 갈등은 점점 커지며, 이를 해결할 방법을 찾지 못했다.

나는 어떻게 삼 년이나 지원팀에 있었을까. 그저 당연한 일이라고 생각했다. 누군가는 해야 하는데 하고 싶다는 사람은 없고. 한편으로 아직 내가 맡아 해야 할 일이 있다고 생각했다. 헌신한다는 생각은 조금 들기도 했지만 희생이라고 생각하지는 않는다. 각자 자기의 자리에서 조금씩 다른 역할을 해내고 있을 뿐이다. 다만 각종 오해를 사고, 마음으로 지지받지 못한다는 것은 좀 아팠다. 이래저래 설명하기도 구차해서 묵묵히 살았다. 한 해 두 해 더해지니 익숙해지고 그러려니 했다.

그동안 여러 선생님들의 짠한 눈빛과 고마움의 말을 많이 받았다. 동시에 왜 수업을 그만큼밖에 안 하느냐, 왜 맘대로 결정하느냐는 질타도 받았다. 지원팀으로서 억울한 경우도 많았으나 그래도 보람 있는 일이라 생각하며 지냈다. 어쨌거나 아이들이 행복하다고 한다.

"학교 오는 거 너무 좋아요!"

"우리 학교는 정말 즐거워요."

"졸업하기 싫어요. 계속 소담초 다니고 싶어요."

이런 말들을 여러 차례 듣는다. 이게 모두 선생님들의 덕이다. 선생님들이 덕을 쌓은 배경에 업무지원팀이 어떤 역할을 분명히 했을 것이다. 그러면 되었다.

두레여, 부디 잘 작동하기를

지원팀과 담임교사가 교육과정의 내용으로, 업무로 만나는 유일한 조직이 두레다. 업무 담당자 혼자 만드는 기획이 아니라 모든 학년에서의 교사들이 함께 모여 기획을 하는 곳이다. 어려운 일 함께해 가며 서로의 고됨, 나눴으면 좋겠다.

공동의 목표를 설정하고 실현하는 과정을 함께하는 것이 두레다. 두레의 성격 중 하나인 전문적학습공동체의 역할은 두레가 아니어도 실현될 수 있다. 그러나 두레만이 할 수 있는 일이 바로 지원팀-학년의 소통이다. 기획회의에서 학년부장들과 만나지 않냐 물을 수 있다. 기획회의에서는 학교 현안들을 처리하기에도 그 시간이 모자란다. 당연히 수업, 평가, 학생생활 등 교육과정 내용의 각 줄기를 깊이 논의할 수 없다. 하지만 두레회의에서는 업무지원팀 교사마다의 중요 업무(교육과정, 수업, 평가, 학생생활, 학생자치)를 주제별로 두레에서 다른 교사들과 중점적으로 논의할 수 있다. 또한 학년의 모든 교사들이 각각의 두레에 들어감으로써 학교 운영에 주인으로 참여한다. 부장교사만이 아니라 모든 교사가 권한과 책임을 나눠 가짐으로써 학교 운영의 주체가 된다. 각각의 두레는 하나의 주제를 연간 가져가며 학년마다 실제로 운영되는 과정을 한 자리에서 나누며 개선해 나갈 수 있다.

두레회의의 장단점

한 해 함께한 두레원들에게 두레회의의 장단점을 물었다. 한 주제를 함께 모여 공부해서 역량 강화에 도움이 된다, 다른 학년이 이 주제를 어떻게 다루고 있는지 함께 나눌 수 있다는 게 주요한 장점이다. 그보다 훨씬 의미 있었던 의견은 바로 모두가 주체가 될 수 있다는 점이다.

부장들만이 업무를 기획하고 책임지는 것이 아니라, 학교의 모든 구성원이 의사결정권을 가지고 학교 운영에 참여하고 그 책임 또한 함께 지는 것이다. 귀찮고 어렵다. 더디고 성가시다. 그러나 이 길이 우리 안의 민주성을 만드는 과정이다. 누군가의 훌륭한 신념보다, 누군가의 훌륭한 교수·학습 기술보다 더 중요한 것은 함께 만들어 나가는 그 과정이다. 점점 커지는 학교에서 교육 목표와 비전을 공유하고 목표를 향한 길에서 함께 기대고 나누며 걸어갔으면 한다.

학생자치 두레 이야기

2018년 두레가 생기며 내가 맡은 주제는 학생자치다. 학교에서 나의 역할은 학교지원부장으로, 주로 학적, 학생부, 나이스 등 행정업무들이다. 교무와 연구 체제를 없애고 교육과정 중심의 부장체계로 바꾸기 위해 여럿이서 한참을 고민했는데, 유독 학교지원부장은 교육과정보다는 행정업무 처리가 중심이었다. 혁신학교 안에서, 참 재미없는 일이다. 그러다 보니 내가 잘할 수 있는 일, 학생자치가 그 사이를 비집고 들어왔다.

2016년 개교하던 해에 학생자치를 맡았지만 2017년에 업무지원팀을 가엾게 여겨 학년에서 아이들과 직접 만나는 일은 이관해 달라 했다. 그리고 나서 2018년에 업무가 다시 지원팀으로 집중되면서 학생자치도 오게 되었다. 잘하고 있는 점 키워 주고 아쉬운 점 메꿔 줘야지 생각하며 다시 맡게 됐다.

2월 어느 날, 학생자치 두레가 처음 만나는 날이었다. 한 해 동안 우리 두레에서는 무엇을 할지 나눴다.

먼저 각자의 학급, 학년 회의의 내용을 공유하자고 했다. 학급회의를 어떻게 해야 하는지 그 방법도 잘 몰랐고, 어디까지 아이들에게 열어 줘야 하는지 경계도 몰랐다. 각자의 방법을 발견하고 운영해 보기 바랐지만 아무래도 무리인 것 같아서 간단한 진행 시나리오를 공유했다. 그리고 각자의 교실에서 일단 해 보자 했다.

두 번째로, 책을 함께 읽고 실천해 보자고 했다. 토의·토론 방법에 대한 쉽게 쓰인 책이었는데 한 장 한 장 읽고 적용하는 게 생각보다 쉽지 않았다. 학생자치 말고도 해야 할 숙제가 많기 때문이다.

한 달에 한 번 두레가 모이는데, 두레원들 대부분이 그 한 번을 부담스러워했다. 아마 우선순위에서 상위에 있는 다른 숙제들이 많으리라 생각했다. 그래서 가볍게 가기로 했다. 책 읽는 것도 가볍게. 안 읽었으면 그냥 와서 읽은 사람의 이야기를 듣는 것으로. 실천 또한 할 수 있는 사람이 먼저 해 보기로 했다. 두레를 부담스러워하지 않았으면 했고, 그래서 만나는 날 숙제검사를 엄격히 하면 안 되겠다 싶었다. 결정적으로 두레장인 나조차도 숙제를 해 가기 어려웠다.

회의를 몇 번 한 후로 독서토론은 살짝 놓았다. 대신 학생들이 살아가는 이야기를 들어 보려 했다. 교실에서, 학년에서, 학교에서 아이들이 느끼는 것들이 무엇인지, 안건으로 어떤 것들이 다뤄지는지, 해결 과정은 어떻게 진행되는지 나눴다. 학생이 스스로 생각하고 스스로 해결할 수 있도록, 그 과정에서 교사가 해야 할 역할이 무엇인지 나눴다.

두레를 통해 학생자치 업무에 대해 각 학년으로 전달하고 함께 실천해 보자 했는데 잘되지 않았다. 출장, 조퇴, 육아 시간으로 참여하지 않는 두레원이 속한 학년에는 두레 협의 내용이 전달되지 않았다. 교

두레회의 모습과 두레협의록

직원다모임, 기획회의, 두레회의 등 협의체 참여는 업무의 일환이기도 해서 빠지지 않아야 했지만, 어려웠다.

두레원마다 학생자치에 대한 열정이나 의지가 달라서 그에 따라 실천 정도도 차이가 났다. 한편으로, 어떻게 해야 할지 몰라서 하지 못하는 것 같기도 했다.

어떤 학급에서는 안건이 있을 때 회의를 열기로 했는데 안건이 없어서 안 하기도 하고, 또 어떤 학급은 일주일에 한 번을 시간표에 정해 두고 무조건 회의를 한다. 저학년에서 온 두레원은 아이들이 아직 어려서 학급회의를 하기가 어렵다며 두레에서 말할 거리를 찾지 못한다. 학년마다 그 운영이 제각각이다.

한 해 동안 그렇게 각자의 모습으로 살았다. 두레 첫해는 실험 단계이며 시행착오의 판이기도 하다. 특히 학생자치 두레는 업무적으로 학교 단위에서 근 시일 내에 결정해야 할 사안이 없었다. 그래서 다른 두레들보다 부담이 적었을 것이다. 내가 방법을 전해 주는 것보다, 나의 뜻대로 하는 것보다, 두레원들이 각자 시도하고 깨지는 경험을 하길 바랐다. 그 결과, 어떤 교사는 이 두레에서 하는 일이 없다고 느끼기도 하는 반면 어떤 교사는 성장한 것을 본다. 학생자치의 의미를 공감하고 교실 안팎에서 실현되는 모습에 뿌듯해하는 교사도 있고, 교사의 주도권을 내려놓으며 학생들을 더 믿고 지켜보게 된 교사도 있다. 배움이란 각자의 것이다. 각자의 때가 있고, 각자의 스타일이 있어서 동시에 모두에게 나타나지 않는다. 두레 또한 그 성과를 백퍼센트 기대하기 어렵다. 그러나 적어도 이 여섯 명의 교사들은 한 해 동안 학생자치에 대해 누구보다 더 깊은 고민을 했을 것이다.

학생자치, 왜 필요한가

학교에는 다양한 종류들의 사람들이 어울려 지내지만 본디 그 목적은 학생들의 배움을 위한 곳이다. 학생은 하루의 대부분을 학교에서 지낸다. 학교란 학생들이 배우고 성장하는 곳이다. 그런데 학생은 그 안에서 주인이 되었을까. 지난 세월 동안 학교의 주체는 교사였고 학생은 객체였다. 교사들은 학생들을 조각하고 틀에 끼워 맞추려 시도하고, 학생들은 그러한 교사의 지시와 훈육 아래 타율적으로 살아왔다. 사회에서 요구하는 인재라는 것이 높은 성적을 기반으로 한 것이기에 이런 방법이 그동안은 그럭저럭 효과가 있었을지도 모른다. 그러나 사회는 끊임없이 변화하고 있으며, 교육 또한 그에 발맞추어 변화를 요구받는다. 1997년 제정된 초·중등교육법에서도 인간다운 삶을 영위하는 데 필요한 능력으로 자주적 생활능력과 민주시민의 자질을 들고 있다. 학교자치의 필요가 본격적으로 대두되고 있는 2018년. 법령과 교육과정의 인재상을 거론하지 않더라도 자치自治(스스로 다스림) 능력은 사람으로 살아가기에 당연한 일, 이르지도, 성급하지도 않은 일이겠다.

전교어린이회 in 1990's

선생님이 항상 들고 다니는 막대기로 교탁을 탁탁 하고 두 번 두드린다. 그러자 학생회장이 나서서 말한다.

"지금부터 제5회 전교어린이회를 시작하겠습니다. 모두 자리에서 일어나 주십시오. 국기에 대한 경례!"

학년별로 모여 앉아 있던 각 반의 회장들이 일제히 일어나 칠판 위의 국기를 향해 가슴에 손을 얹는다. 이어서 애국가도 제창한다.

"지난주 생활 반성이 있겠습니다."

지난주의 생활 목표는 운동장을 깨끗이 쓰자는 것이었다.

"잘 지켜졌다고 생각하는 분께서는 손을 들어 주십시오."

칠판에 적힌 생활 목표 옆의 ○라고 쓰인 괄호 안에 손 든 숫자가 적힌다.

"잘 안 지켜졌다고 생각하는 분께서는 손을 들어 주십시오."

이번에는 X라고 쓰인 괄호에 숫자가 적힌다. 잘 안 지켜졌다는 숫자가 더 많다. 그러자 왜 잘 지켜지지 않았다고 생각하는지 회장이 질문한다.

"운동장에 버려진 쓰레기를 많이 보았기 때문입니다."

"흙장난을 하고서 그대로 두고 갔기 때문입니다."

그러자 회장이 선언한다.

"그럼 지난주 생활 목표는 잘 지켜지지 않은 것으로 하겠습니다. 앞으로 잘 지켜 주시기 바랍니다. 이번에는 다음 주 생활 목표를 말씀드리겠습니다."

서기를 맡은 학생이 연간 생활 목표가 적힌 대장의 검은 하드커버를 들춘다. 3월 1, 2, 3, 4주, 4월 1, 2, 3, 4주. 월별로 주마다 생활 목표가 적혀 있는 대장이다. 서기는 다음 주 생활 목표를 찾아서 회장에게 일러 준다.

"다음 주 생활 목표는 친구들과 사이좋게 지내자입니다. 이에 맞는 실천 사항을 말씀해 주십시오."

이미 정해진 생활 목표. 도덕책에나 나올 법한 이야기들. 그에 맞는 실천 사항 또한 가정에서, 학교에서 귀에 딱지가 앉도록 들어 왔던 것들이다. 사람들이 여럿 모여 살아가는 공간에는 질서가 필요한 법이다. 그 질서를 보다 효율적으로 유지하기 위하여 전교어린이회는 좋은 도구가 된다. 학생들이 학교생활을 하며 지켜야 하는 규칙들은 한 주의 생활 목표가 되어 검은 대장에 월별로 적힌다. 학생의 대표들은 매주 그 목표를 잘 지키기 위한 실천 사항을 말하고 학급으로 돌아가 전달한다. 이렇게 학생들은 도덕의 실천을 우회적으로 명령받는다.

일반 회의록은 삼십 년 전에 쓰이던 양식과 하나도 다르지 않은, 놀

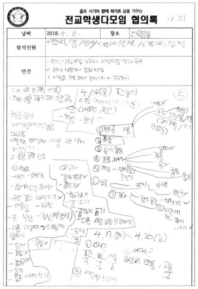

일반 회의록과 소담초 회의록

랍게도 요즘에도 쓰이는 회의록이다. 반면에 우리 학교 회의록에는 양식이 없다. 백지다. 전교회의에서 아이들은 칠판에 나누는 이야기들을 적는데, 그것을 그대로 회의록에 담는다. 틀도 없고 글씨도 삐뚤빼뚤하지만 그것이 아이들의 이야기이다.

1998년 3월부터 시행된 초·중등교육법과 시행령에서 "학교의 장은 법 제17조의 규정에 의한 학생의 자치활동을 권장, 보호하기 위하여 필요한 사항을 지원하여야 한다"고 규정하고 있다. 이처럼 예전부터 학생의 자치활동의 중요성은 인식되어 왔고, 이를 권장하고 보호하는 것은 교사와 학교의 역할이다. 그러나 그것은 듣기 좋은 기치일 뿐, 학교 현장에서 실현되지는 못했다. 자치自治라는 말은 스스로 다스린다는 것이다. 그런데 학생을 가르쳐야 하는 대상, 통제해야 하는 대상으로 바라보는 관점에서 이들이 스스로 다스리도록 허하는 것은 곧 교사의 통제권을 내려놓는다는 것과 같은 뜻으로, 곧 모순이 된다. 학생자치가 활발해지려면 결국 교사가 권한을 조금 내려두고 아이들에게 기회를 주고 기다려 줘야 하는 것이다.

주체로서의 학생

권력이 분산되고 권한이 이양되어 가는 이때, 학교자치가 주목받는 것은 당연한 일이며, 학생 역시 학교의 핵심 주체로 부상하고 있다. 학생은 자기 삶의 주인이 되어 배움을 기획하고 다양한 형태로 익혀 성장하는 인격체로 인정받아야 한다. 그러나 전통적인 교사관, 학생관은 여전히 우리에게 머물러 있어서 학생은 미성숙하며, 가르침을 받아야 하는 존재로 인식된다. 특히 초등학생은 발달단계 특성상 스스로 무언가를 해내는 것에 대한 신뢰를 얻지 못한다. 또한 세계의 질서를 충분히 배우지 못하여 그들이 직접 삶을 운용할 수 없다고 여겨진다.

어린아이들에게 어른 수준의 사고와 생활방식을 기대할 수 없을지 모른다. 그러나 우리 어른이 인정하고 싶거나 말거나, 아이는 아이 자체로서 존중받아야 한다. 아이들의 삶은 어른의 그것과 수준과 깊이, 내용이 다르나 유사한 형태를 띠고 있다. 이 유사함과 패턴 안에서 아이들은 경험으로 배운다. 예로 아이가 "배려"를 배운다는 것은, 책에서 말하는 정의를 머리로 익히는 것을 넘어 삶에서 실천하고, 그 실천이 수십 번, 수백 번 반복되어 몸으로 익혔다는 것이다.

학생이 무언가를 배우기 원한다면 그 목표에 도달하기까지의 길을 인도하고 도와주는 것이 바로 교사다. 위의 아이가 배려하는 자세를 갖게 하기 위해 수업 시간에 "배려"에 대한 정의를 가르쳐 주고 관련한 사례의 영상을 보며 머리로 익히게 한다. 또한 팔을 다쳐 식판을 들 수 없는 아이의 곁에서 식판을 대신 들어 주는 실천을 할 수 있게끔 상황을 마련해 준다. 약속 시간을 잘 지킨 아이를 칭찬하며 행동을 강화하도록 유도한다. 마찬가지로 학생이 민주시민이 되기를 바란다면 민주시민의 정의만 주장할 것이 아니라, 민주시민이 되는 방법을 직접 체험하도록 환경을 만들어 줘야 하는 것이다.

민주시민은 자기 삶을 스스로 다스릴 수 있는 힘을 가지고 있는 사람이다. 이 힘이 공정하고 정당하기 위해서 나의 주장과 근거는 나뿐 아닌 여러 사람들에게 타당해야 한다. 주변에서 일어나는 일들에 대하여 예민한 관심을 가져야 하며, 이를 비판적으로 바라보며 본질을 생각해야 한다. 또한 나의 권리가 타인에게 피해를 주지 않는 범위 안에서 자유롭고 존중받아야 한다. 학생들은 어떤 환경 속에서 이를 체험으로 배울 수 있을까?

그런 학교가 정말 있나요?

대전의 학생들이 학생자치에 대해 이야기 나누는 자리에 우리 학교 학생회 친구들이 초대받아 사례를 발표한다.

"그런 학교가 정말 있나요?"

자리에 있던 어른들이 질문을 던진다.

"어른들 회의에 여러분이 진짜 참석하나요?"

"행사를 여러분이 직접 만들어요?"

"학생생활규정을 직접 만들면 학생들이 정말 잘 지키나요?"

사례 발표 모습과 대전 아이들과 함께하는 토의

믿을 수 없다는 표정들이다. 형식적으로 하는 것 아니냐고, 말만 그런 것 아니냐고 묻는 듯한 표정이다. 그러나 아이들 대답이 그렇지 아니하다.

"네. 정말로 우리가 행사 기획하고 운영하고, 정리까지 다 해요."

"우리 학교는 연석회의라고, 선생님들이랑 부모님들이랑 함께하는 회의가 있는데 우리도 거기 들어가요."

"애들이 직접 만들어서 그런지 규칙 진짜로 잘 지켜요. 훨씬 더 잘 지키는 거 같아요."

"우리 학교는 학생의 의견을 잘 들어 줘요."

"내가 한 말이 학교에 반영이 되니까 정말 신기해요."

의외의 걸림돌

사람은 경험 속에서 자기 삶을 구성한다. 이제 학생들은 어른이 친절히 넘겨주는 지식을 수용하는 대상에서 벗어나, 학교 운영에 참여하고 일어나는 일에 관심을 가지고 해결하며, 교육활동을 직접 만들어 내고 있다. 중요한 의사결정을 학생이 할 수 있는가? 교육활동을 학생이 직접 기획하고 운영할 수 있는가? 그렇다. 놀랍게도 학생들은 그 모든 것을 해낼 수 있다.

자치. 앞에서 말했듯이 스스로 다스린다는 뜻이다. 학생이 스스로를 다스리는 경험을 하기 위해 가장 중요한 것은 무엇일까. 어른이다. 학교 안에서는 교사다. 학생이 생각할 수 있도록, 결정할 수 있도록,

직접 해결할 수 있도록 환경을 만들어 주고 기다려 주는 교사의 역할이 매우 중요하다. 때로는 길잡이로서, 때로는 그림자로서.

어린 시절을 이미 지나온 어른으로서의 교사는 마음이 급하다. 지금의 아이들이 겪는 것의 대부분을 경험했기 때문이다. 그 과정을 다 알고 있기 때문이다.

의외로 학생자치가 잘 이루어지지 않는 이유는 바로 교사에게 있다. 학생들을 마냥 어린 존재로 여기고 기대의 폭을 낮추며 신뢰하지 않는 교사가 학생을 좁은 울타리에 가둔다.

몇 해 전에 경기도의 작은 학교에서 그림자 체험학습이라는 것을 봤다. 사회 공부를 하고 그 현장인 서울에 아이들이 삼삼오오 현장학습을 간다. 서울까지의 여정을 처음부터 끝까지 아이들이 기획하고 다녀오기 위해 어른의 도움이 필요했다. 그러나 너무 깊이 관여해서도 안 됐다. 그래서 어른이 그림자로 아이들의 곁을 지켰다. 안전과 질서를 해치지 않을 만큼만, 딱 그만큼만 보호했다고 한다.

학생자치를 자칫, "학생이 스스로 하는 거니까 너희들이 알아서 해"라고 말하며 모른 척해서는 안 된다. 아이들이 아직 완전하지 못한 것은 사실이다. 아이들이 직접 기획하고 성공적인 경험을 하기 위해서 어른은 아이들의 뒤에서 아이들이 눈치채지 못하게 지원해야 한다. 어른이 주도하는 것보다 몇 배, 몇 수십 배 더 어려운 일이다. 내가 했으면 한 시간이면 끝날 일도 아이들이 하는 순간 며칠이 더 걸린다. 완성도 또한 떨어진다. 그러나 아이들의 일을 교사의 기준에 맞추지 말고 맡겨 보자. 그리고 해낸 만큼 인정해 보자. 시켜서 하는 일과 스스로 하는 일에는 과정부터 결과가 모두 다르다.

소담의 학생회

우리 학교는 학생자치의 중요성을 알고 있어서 공간, 예산 등의 지원을 잘하고 있다. 학생들의 자치활동은 학급-전교회의, 동아리 등 여러 가지가 있지만 대표적으로는 학생회 활동을 꼽는다. 2016년 개교한 해에는 1학기 때 학생들이 적어서 좀 기다렸다가 2학기에 학생대표를 선출했다. 입후보-선거운동-후보자 토론회-투표로 이어지는 선거 방식은 첫해부터 올해까지 그대로 이어지고 있다.

첫해에 선거방식을 고민할 때 가장 중요하다고 여긴 것은 토론회다. 자칫 인기투표가 될 수도 있는 아이들의 선거에서 후보자의 자질을 파악하는 것이 중요하다. 더욱이, 학생대표가 어떤 학생인가에 따라 그 해의 학생회 활동의 성격이 좌지우지된다. 아이들은 토론회를 보며 리더십이 있는 학생을 잘 파악한다. 친한 친구에게 투표할 것 같지만, 결과를 보면 의외로 그렇지 않다.

그렇게 선출된 대표와 부대표(이하 대표단), 그리고 4~6학년 대의원들이 모여서 한 달에 격주로 두 번 전교회의를 연다. 좋아바(좋았던

토론회와 투표

전교회의

점, 아쉬운 점, 바라는 점) 방법으로 회의를 진행한다. 국민의례나 지도
교사 인사 등 격식을 차리는 절차는 지웠다. 주로 각 학급의 중요한
이야기를 듣고, 전교 단위에서 논의해야 하는 안건을 선정해서 토의한
다. 점심시간에 운동장을 함께 사용하는 문제, 학교 쪽문을 개방하자

〈학생생활규정 제정 절차〉
학급회의 → 전교회의 → 학급회의
→ 학부모 의견 설문조사 → 전교
회의, 교사회의 → 제정 → 선포

학생생활규정 수업 재구성

는 문제, 학생들의 규칙을 지키자는 문제 등 학생들이 생활 속에서 느끼는 불편함을 해결하려는 토의가 많았다.

개교하면서 학교규칙은 다른 학교의 그것과 비슷하게 만들었지만 문서로만 존재하고 있었다. 이 중에 학생이 지켜야 할 규칙은 학생이 스스로 만들자 하여 학생생활규정 제정이 시작됐다. 3월부터 세 달여에 걸쳐서 완성이 되었다.

규정을 제정한 후, 아이들은 스스로 만든 규칙이기 때문에 더 잘 지킨다고 말하지만 시간이 갈수록 무뎌진다. 보상, 처벌의 강화기제를 지양하는 우리 학교이기 때문에 아이들이 규정을 잘 지키도록 하는

공동체 놀이와 연간 계획 수립

외부적 장치를 고민하고 있다.

매 학기 초에는 리더십 캠프를 하는데, 학기별로 대의원이 새로 뽑히기 때문이다. 이들끼리 서로 친해지는 시간을 갖고, 회의 진행 방법에 대해 공부하고 학기 계획을 세운다.

1학기 리더십 캠프에서는 연간 행사 계획을 대강 만들었다. 물론 이대로 다 되지는 않았다. 밤늦게 이어지는 몇 시간 동안의 회의를 잘 견뎠다. 나름 대의원, 대표라는 자부심을 갖고 있는 것 같아 보인다.

2학기에는 바로 학교 축제 준비에 들어갔다. 축제의 큰 틀이 나온 후, 학급마다 학생들이 운영하고 싶거나 체험하고 싶은 부스의 주제를 나눠 본 후 전교회의에서 결정하기로 했다. 대의원들이 학급회의를 하고 모아 온 주제들이 매우 다양했다. 그런데 향초 만들기, 쿠키 만들기, 쉬링클스 등 품이 많이 드는 주제들도 보인다. 아마 담임선생님들이 아이들 회의에 관여를 많이 안 하신 모양이다. 한편으로 다행인데 한편으로 걱정됐다. 어려운 주제는 현장에서 선생님들이 고생할 게 뻔하기 때문이다. 아니나 다를까 고생한 분들이 여럿이다.

학생회 아이들은 행사를 기획하고 운영하는 것을 참 좋아한다. 자신들이 해냈다고 느끼고, 행사에 참여하려고 오는 학생들이 많으니 보람을 갖기 때문이다. 그래서 자꾸 행사를 하자고 한다. 일상적인 교육과정 운영에 집중하기 위해 학교에서는 이벤트성 행사를 지양하는데, 아이들은 자꾸 일을 벌인다. 우리 학교는 학부모회 행사나 학년 행사들이 크고 작게 많은 편이라 학생회까지 가담하면 온 학교가 시끌벅적하다. 작년에 행사에 힘을 많이 기울인다고 느꼈는데, 행사보다 협의체를 구성하고 학생들이 학교생활에 관심을 가지고 개선에 적극 참여

3주체 협의회 참여와 학교운영위원회 참관

하는 활동이 더 중요하다 여겼다. 그래서 올해에는 행사는 좀 줄이고 협의체 운영에 힘쓰고자 했다. 아이들끼리 회의하고, 안건을 교사회의에 부치기도 하고, 3주체 협의회에도 함께했다. 아이들의 의견은 최대한 존중했고 실현시켜 준다. 매년 졸업을 앞둔 아이들에게 우리 학교가 혁신학교라서 뭐가 다른 것 같으냐고 묻는다.

"우리 학교는 학생의 의견을 잘 들어 줘요."

꼭 나오는 답변이다.

이제 학생 수가 898명이다. 한 학년이 모두 모이는 다모임도 어려울 만큼 규모가 커졌다. 이렇게 큰 학교에서 대의원 제도는 불가피하다. 학급마다 아이들의 의견을 모아서 듣고 해결하기 위해서는 학급회의가 중요하다. 평소 교실에서 아이들이 자유롭게 자신들의 의견을 말할 수 있고 토론할 수 있어야 한다. 교사가 그 의견을 귀 기울여 듣고 존중해 줘야 한다. 학급회의가 일상적일 때 전교회의에서 대의원들이 해결 방법을 함께 고민할 수 있다.

2019년에게 부탁해

학생들에게 학생회가 있다면 교사들에게는 학생자치 두레가 있다. 두레원마다 자신들의 학년(급)에서 아이들이 나눈 회의의 내용을 두레에 와서 공유한다. 그리고 그 문제를 어떻게 다룰지 논의한다. 학생자치에 있어서 먼저 실천하는 교사들로서, 아이들의 의견을 얼마나 존중할지, 어디까지 허락할지 함께 고민한다. 이 교사들은 경력은 짧은 편이나 이 두레에 속함으로써 자의적이든 타의적이든 학생자치에 대해 고민하고 실천했다.

한 해를 살아 보고 나니, 아쉽거나 바라는 점들이 생겼다. 학급회의와 전교회의가 상호 소통이 잘 안 될 때가 있고, 학급마다 회의를 여는 정도가 다르고, 학생동아리가 활성화되지 못한 점들이 있다. 그래서 두레 평가회에서 학급회의를 고정 운영하는 것과 자율동아리 활성화에 대해 제안을 드렸고, 내년에는 최소 2주에 1회 학급회의를 열기로 했다. 고정동아리를 자율동아리 형식으로 3, 4학년 그리고 5, 6학년이 함께 운영해 보기로 했다.

학급회의를 고정적으로 운영하면 아이들이 회의를 예측할 수 있어서 미리 지난 한두 주의 생활을 돌아보게 된다. 살아 있는 이야기를 나눌 수 있게 되고 안건을 만들게 된다. 자율동아리 역시 아이들이 직접 기획하고 홍보하고 동아리원을 모집하여 직접 운영하는 과정을 통해 교육기획력을 기른다. 교사는 지도교사가 아닌 관리교사로 아이들의 뒤에 머물며 아이들이 서로 가르치고 배우는 경험을 돕는다.

익숙하지 않은 것들이라 또 한 해 좌충우돌이 될 것이다. 그렇지만 아이들의 배움에 큰 도움 되리라 생각한다. 게다가 참 재밌지 않나.

역시 소담

우리 학교는 재밌는 아이디어들이 여기저기서 자꾸 튀어나온다. 그럼 그게 또 현실이 된다. 소담 안에서는 뭐든지 해도 될 것 같은 기분이다. 그리고 실제로 그러하다.

학생자치 두레에서 내년에 학급회의 정기운영과 자율동아리 활성화를 제안했는데 그게 또 될지는 몰랐다. 오히려 이런 제안이 선생님들 귀찮게 하지 않을까, 불편하게 만들지 않을까 걱정했다. 분명 누군가에게는 그렇기도 할 테다. 그러나 두레에서 한 해 살아온 이들의 제안을 학교는 받아들여 줬다. 역시 소담이다. 아이들에게 의미 있다고 여겨지면 실행. 소담은 오늘도 직진이다.

됨됨톡톡(Talk Talk)

임하빈

"선생님, 오늘은 됨됨톡톡이 아니라 해피톡톡인데요?"
"그러게, 선생님도 신기하다. 우리 반 친구들 모두가 좋
았던 점만 이야기하다니!" 하면서 나는 제8회 됨됨톡톡
을 제8회 해피톡톡으로 고쳐 적었다.

3월, 됨됨톡톡의 첫발을 내딛다

작년엔 4학년, 그리고 올해는 그 아이들보다 한 살 더 어린 열 살, 3학년 담임을 맡았다. 그리고 사실 작년엔 학생 수 한 명에서 시작하여 스물한 명으로 점점 늘어 간, 매일이 새롭고 정신없던 반의 담임을 했던지라 학급에서 다모임을 제대로 진행해 본 경험이 전무하다.

더군다나 작년 아이들보다 한 살 더 어린 이 아이들을 데리고 학급에서 다모임을 진행해야 한다고? 처음엔 과연 이 아이들과 함께 내가 생각하는 그런 '회의'다운 회의를 우리 교실에서 진행할 수 있을까 의문이 들었다. 그래도 일단 우리 동학년에서는 '됨됨톡톡'이라는 명칭으로 일주일에 한 번씩 학급다모임을 진행하기로 했으니 시작은 해야 했고, 처음이니 일단 다모임을 '시도한다'는 것에 큰 의의를 두기로 했다. 그렇게 나는 아이들이 접근하기 쉽게 좋아바(좋았던 점, 아쉬웠던 점, 바라는 점) 말하기로 제1회 3학년 라온반 됨됨톡톡을 시작했다.

"얘들아, 혹시 선생님이 지난번에 이야기했던 됨됨 시리즈 중 4번째로 설명했던 것 기억나니?"

"어! 됨됨스터디 아니에요? 아닌가, 됨됨뮤지컬인가?"

"저요! 됨됨톡톡이었던 것 같아요!"

"오, 맞아 맞아. 그거 같아!"

여기저기서 공감하는 말이 들린다.

"그럼 됨됨톡톡에서 '톡톡Talk Talk'이 무슨 의미라고 했지?"

"아, 뭐였지 영어였는데!"

"아, 기억 날랑 말랑 해! 뭐지?"

어디선가 "말하다?"라는 대답이 들린다.

"오, 방금 누가 이야기했지? 맞아. Talk란 우리말로 '말하다'라는 뜻이라고 했지. 그래서 우리는 앞으로 금요일 4교시에 우리 반, 그리고 학교에서 생활하면서 좋았던 점, 아쉬웠던 점, 바라는 점을 이야기 나누어 보는 됨됨톡톡 시간을 가질 거야."

일단 아이들의 표정은 밝다. 그동안 해 보지 않던 것을 매주 한 번씩 한다니 재밌을 것 같다는 표정. 그런데 시간이 지난 지금 생각해 보니 아이들은 그저 '공부'를 안 하고(책을 안 펴고) 이야기를 나눈다고 하니 좋아했던 것 같기도 하다. 일단 처음이니 내가 먼저 좋아바 나눔의 스타트를 끊었다.

"선생님은 여러분들과 일주일 동안 조금 더 가까워지고 친해진 것 같아 좋았어요."

4월, 웬걸! 열 살 꼬맹이 아이들이?

3월 초, 아침 독서를 해야 하는데 책을 못(안) 가져와서 멍 때리는 아이들이 태반. 그 모습을 그냥 보고만 있을 순 없지!

그래서 아이들에게 "안 되겠다. 얘들아, 각자 집에서 우리 교실에서 친구들과 함께 읽어도 좋을 책 두 권씩 가져오세요"라고 했다. 그리고 우리 반에는 약 44권의 학급문고가 생겼다. 그런데 손을 많이 타면 책이 상하는 것은 당연한 일. 우려했던 일들이 하나둘 생기기 시작했다.

"선생님, 누가 제 책에 펜 자국 남겼어요."

"선생님, 여기 원래 안 이랬는데 책이 찢어졌어요."

한두 번은 책 주인인 아이들이 느끼는 속상한 마음에 공감해 주고 전체 아이들을 대상으로 내 책처럼 조금 더 소중히 봤으면 좋겠다고 이야기했다. 하지만 이 문제로 나를 찾아오는 아이들의 빈도는 점점 더 많아졌고, 이에 나 또한 특별한 조치가 필요하다고 생각했던 찰나에 아이들도 나랑 같은 생각이 들었나 보다. 됨됨톡톡에서도 아쉬운 점과 바라는 점으로 학급문고에 대한 내용이 나왔다.

"제 책이 점점 찢어져서 아쉬워요."

"학급문고에 대한 규칙이 생겼으면 좋겠어요."

이어서 더 이야기 나누고 싶은 주제를 투표하는데, '학급문고 이용규칙 만들기'가 몰표를 받으며 그 주의 안건으로 선정되었다.

"그러면 이제 학급문고 이용규칙을 만들겠습니다. 어떤 규칙을 만들면 좋을지 손을 들고 발표해 주세요."

약간만 도움을 주면 다모임 진행 실력도 쑥쑥 성장하는 우리 아이들. 아이들이 발표한 내용을 나는 정돈하여 칠판에 받아 적는다. 그리고 보충해야 될 부분이 있으면 나는 물음을 몇 가지 던진다.

'책을 읽다가 실수로 책이 찢어졌을 경우, 친구에게 사과한다.'

"그러면 사과는 어떤 방법으로 하면 좋을까?"

"인사약으로 해요!"(잘못을 인정-잘못에 대해 사과-다시는 그러지 않겠다는 약속의 단계로 대화하여 상처받은 마음을 회복하게 돕는 화법이다.)

"직접 다가가서 사과하기 부끄러우면 선생님께 일단 말씀드리고 사과해요!"

딱 내가 원했던 대답이 아이들에게서 나온다. 이럴 때 참 뿌듯하고 아이들에게 고맙다. 그리고 나는 칠판에 아이들이 보충한 내용을 또 적는다.

'책이 찢어졌을 경우, 선생님께 바로 말씀드리고 책의 주인인 친구에게 찾아가 인사약으로 사과한다.'

이렇게 두 교시 동안의 뒴뒴톡톡을 통해 아이들은 스스로 자기들이 지켜야 할 '학급문고 이용규칙'을 만들어 냈다. 그리고 규칙을 만들고 한 달이 지난 지금까지, 아이들은 규칙을 잘 지키고 있다. 물론 찢어진 책을 들고 나에게 오는 아이들이 아예 없는 것은 아니다. 하지만 그 빈도는 분명히 줄었고, 상처 난 책의 주인인 아이들도 규칙이 있기 전보다 확실히 덜 속상하고 '그럴 수도 있지' 하고 이해하는 모습을 보인다. 규칙을 만드는 과정에서 친구가 절대 일부러 책을 찢거나 펜 자국을 남긴 것이 아님을 알게 되었기 때문이 아닐까?

사실 난 아이들이 이렇게까지 서로 의견을 잘 나누고 이를 바탕으

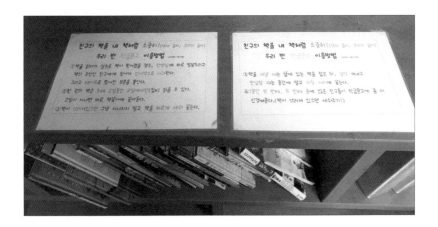

로 스스로 규칙을 만들어 낼 수 있을 거라곤 정말 기대하지 않았다. 그저 '아이들끼리 나누는 이야기를 귀담아듣고 그것을 반영한 규칙을 만들어야겠다'고 생각했는데… 웬걸! 열 살 꼬맹이 아이들이 자기들이 지켜야 할 규칙을 스스로 만들어 냈다! 새내기 담임을 놀라게 한 대견스러운 우리 아이들이다.

5월, "선생님, 오늘은 됨됨톡톡이 아니라 해피톡톡인데요?"

세상이 이런저런 행사로 바쁜 5월, 학교도 역시나 5월이 되면 바쁘다. 그래서인지 어쩌다 보니 5월엔 됨됨톡톡도 2주나 쉬어 갔다. 그때마다 아이들의 입에선 "선생님, 이번 주는 왜 됨됨톡톡 안 해요?", "아, 됨됨톡톡 하고 싶은데…"라는 식의 탄성이 절로 나온다. 그만큼 일주일 중 됨됨톡톡 시간을 참 많이 기다린 거겠지. 그리고 5월 셋째 주

금요일(5월 18일) 2주 만에 우리 반에서는 제8회 됨됨톡톡이 진행되었다. 역시나 좋아바로 다모임을 열었다.

그런데 어쩐지 오늘은 유독 아이들이 '좋았던 점'을 줄줄이 이야기하기 시작한다.

"학급문고가 바뀌니까 읽을 책이 많아져서 좋았어요."

"친구들과 딱지치기를 해서 좋았어요."

"수호천사 활동을 해서 좋았어요."

중복되는 내용이 많았지만 어쨌든 좋았던 점을 이야기하는 아이들의 수가 열 명에서 열세 명으로, 그리고 스무 명으로 점점 늘어났다. 좋았던 점을 적는 칠판의 칸도 꽉 찬 상황. 이 상황을 보고 우리 반 현우가 이야기한다.

"오, 이러다 우리 오늘은 좋았던 점만 나오는 거 아니야?"

나도 속으로 내심 좋았던 점만 나오면 좋겠다는 생각이 들었다. 그런데 어찌 모든 아이들이 일주일 동안 우리 반에서 지내면서 좋았던 점만 있을 수 있을까. 기대를 하면서도 그 기대를 아직 발표를 하지 않은 아이들에게 티내진 않기로 했다.

하지만 아이들은 자신의 감정을 숨길 수 없는 법. 현우의 말에 아이들은 "제발, 제발!"이라며 아이들이 좋았던 점을 이야기하길 바랐다. 결국 마지막으로 발표한 서기 범균이는 학급문고가 바뀌어서 좋았다고 했고, 사회자 다연이는 수호천사를 뽑아서 좋았다고 이야기했다. 남은 두 아이들이 아이들의 기대에 부흥한 것이다. 그리고 현우가 말한다.

"선생님, 오늘은 됨됨톡톡이 아니라 해피톡톡인데요?"

"그러게, 선생님도 신기하다. 우리 반 친구들 모두가 좋았던 점만 이야기하다니!"하면서 나는 제8회 됨됨톡톡을 제8회 해피톡톡으로 고쳐 적었다.

하지만 나는 아이들이 괜히 분위기를 타서 자신이 말하고 싶었던 아쉬웠던 점과 바라는 점을 말하지 못한 건 아닐까 싶어 다시금 물어봤다.

"혹시 아쉬웠던 점이나 바라는 점을 이야기하고 싶은 친구가 있나요? 어차피 좋았던 점에서는 안건을 끌어내기 어려우니 오늘은 추가로 아쉬웠던 점과 바라는 점이 있다면 손을 들고 이야기해도 좋아요."

손을 드는 아이가 없다. 좋아바를 이야기한 후 다음 진행 순서는 좋아바 중에서 더 이야기해 보고 싶은 주제를 선정하는 것이다. 그래서 나는 다연이에게 다음 순서를 진행하도록 했다. 하지만 내가 봐도 오늘 나온 좋아바 중에서는 더 이야기할 주제로 선정할 것이 딱히 없어 보였다.

그때 갑자기 연우가 손을 들고 발언권을 얻더니 "저기엔 없지만 꿀잼, 인정 같은 신조어를 안 쓰는 우리 반이 되었으면 좋겠어요"라고 이야기한다.

연우는 좋아바를 이야기할 때 또는 내가 한 번 더 아쉬웠던 점, 바라는 점을 이야기할 수 있는 기회를 주었을 때 이 이야기를 하고 싶었을 것이다. 하지만 친구들이 모두 좋았던 점을 이야기하고 있는 상황이었기에 그 상황에선 좋았던 점을 이야기하고 다음 순서에서, 자신의 바람을 조심스럽게 내비쳤다.

다른 아이들도 속으로는 연우와 같이 아쉬웠던 점이나 바라는 점

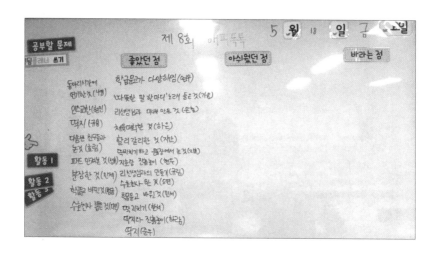

을 이야기하고 싶었을지도 모른다. 그럼에도 불구하고 스물두 명의 아이들의 입에서 좋았던 점만 나온 것은, 어떤 상황에서는 내 감정, 내 생각보단 타인이 느끼는 기쁨과 행복이라는 감정이 더 소중할 수 있다는 것을 알기 때문이 아닐까. 열 살 꼬맹이 녀석들, 또 한 번 나에게 감동을 준다. 그리고 나는 이 순간, 우리 아이들이 이 공동체를 긍정적으로 생각하고 있다는 것으로 느껴져 너무 행복했다. 행복전도사 우리 반, 고마워!

9월, 잘해 보자, 우리 반!

2학기를 맞이한 후, 우리 반은 영화제와 관련하여 첫 발을 내딛느라 9월 둘째 주에야 제대로 된 됨됨톡톡을 진행할 수 있었다. 약 두

달 만의 학급다모임이었기에 아이들이 누가 진행을 할 차례인지 헷갈려 했다.

"선생님, 1학기 때 누구까지 진행했는지 기억이 안 나요."

"그러면 벽에 붙어 있는 됨됨톡톡 기록장을 누가 마지막으로 썼는지 보면 될 것 같은데요?"

우르르 교실 벽 쪽으로 몰려가는 아이들.

"효림이까지 했어요, 쌤! 그러면 오늘은 성호가 진행할 차례고 하은이가 서기예요."

그렇게 성호의 진행 아래 우리의 열한 번째 됨됨톡톡이 시작되었다.

먼저 한 주 동안 학교나 학급에서의 좋아바를 돌아가며 하나씩 이야기하는 시간. 이 시간엔 모든 아이들이 한 명도 빠짐없이 자기 생각을 짧게라도 이야기할 수 있기에 언제나 참 좋다. 그러고 나선 더 구체적으로 친구들과 이야기 나누고 싶은 주제를 정했다. 이번 주 아이들이 정한 주제는 '보드게임 규칙을 다시 정하자'였고, 내가 고른 주제는 '성공적인 영화 상영을 위해 우리는 어떻게 해야 할까?'였다.

보드게임 규칙을 왜 다시 정하고 싶은지 물어보니 보드게임을 하고 싶어 하는 친구들이 많을 때, 우리가 정한 규칙대로 가위바위보로 할 친구들을 정하는데 진 친구들이 짜증 내거나 우는 경우가 있다는 거다. 그러면서 똑같은 문제가 계속 반복되니 이제는 규칙을 다시 정해서 이런 문제가 발생하지 않았으면 좋겠다고 한다.

"그러면 가위바위보 말고 다른 방법으로 보드게임에 참여할 친구를 정할 더 좋은 방법에는 무엇이 있을까요?"

아이들도 나도 열심히 생각해 보지만 가위바위보 말고 더 좋은 방법이 떠오르지 않는다. 시간을 더 주고 싶지만 다음 주제도 진행해야 하기에 나는 이야기했다.

"여러분, 선생님은 가위바위보는 어떤 규칙이 있는 게 아니기 때문에 어떤 때는 내가 이길 수도 있고, 또 어떤 때는 내가 질 수도 있는 것이라고 생각해요. 그리고 여러분들이 선택해서 낸 것이기 때문에 졌다고 짜증 내거나 우는 것은 좋지 않은 행동이에요. 물론 기분이 나쁠 수는 있겠지만 '다음엔 내가 이길 수 있을 거야'라고 생각하고 쿨하게 이긴 친구들이 보드게임을 할 수 있게 해 주면 좋겠어요." 아이들도 가위바위보는 '운'이라는 것을 아는 눈치다.

그래서 결국 우리는 보드게임 규칙 1번, '사람이 몰릴 경우 가위바위보로 정한다'에 괄호를 하고, '단, 졌다고 울거나 짜증 내지 않는다'라는 문장 하나를 덧붙이기로 했다. 아이들이 스스로 고친 규칙이니 진 친구들이 더 이상 남을 탓하지 않고 가위바위보의 결과에 순응할 것이라 믿어 본다.

바로 다음 주제, '성공적인 영화 상영을 위해 우리는 어떻게 해야 할까?'에 대한 이야기가 이어졌다. 본격적으로 시나리오를 쓰고 촬영을 하기 전에 한 번쯤 이야기해 보고 싶은 주제였는데, 바라는 점으로 영화가 잘됐으면 좋겠다고 이야기해 준 규용, 성호 덕분에 아이들 입에서 직접 이 주제를 끌어낼 수 있었다. 지금 생각해도 참 기분 좋은 순간이다. 첫 번째 주제에서 내가 너무 많이 개입했던 것 같아 두 번째 주제는 아이들끼리 이야기할 수 있는 기회를 주고 싶었다. 그래서 나는 진행자 성호에게 우리가 어떻게 해야 성공적으로 영화 상영을 할 수 있을지 물어보라는 딱 한마디만 하고 아이들이 발표하는 것을 칠판에 받아 적었다. 역시나 내가 기대했던 대로 아이들은 자신들이 어떻게 해야 완성도 높은 영화가 만들어질지 잘 알고 있었다.

"내가 원하는 역할을 못 맡아도 짜증 내지 않고 최선을 다해요."

"촬영하는 친구가 힘들지 않게 친구의 말에 잘 따라요."

"촬영할 때 발연기하지 않게 연습을 열심히 해요."

"긴장한 친구를 격려해 줘요."

아이들이 말한 것들을 조금씩 다듬어 5개의 항목으로 칠판에 정리했다. 이것들을 지키면 우리가 성공적으로 영화를 만들 수 있을 것 같은지 물어보니 아이들은 큰소리로 "네!" 하고 대답한다. 아이들이 스스로 생각해 낸 것이고, 지킬 수 있다고 자신했으니 영화제를 준비하는 내내 항상 이 다섯 가지를 기억하고 스물두 명 모두가 자신이 맡은 역할에 최선을 다할 수 있었으면 좋겠다. 잘해 보자, 우리 반!

10월, 용감한 꼬맹이들

때는 9월 말, 우리 학년 남학생들 사이에서도 '축구' 바람이 불기 시작했다. 아이들은 삼삼오오 모여 점심시간이면 운동장에서 공을 찼다. 그런데 공을 차기 시작한 지 얼마 지나지 않아 아이들이 나에게 물었다.

"선생님, 운동장 쓰는 날이 정해져 있어요?"

"5학년 형들이 뭐라고 해요. 자기들이 운동장 쓰는 날이라고 우리는 비키래요."

'이게 무슨 말이지?'

금시초문인 나는 일단 아이들에겐 선생님이 알아보고 알려 주겠다고 했다. 알고 보니 우리 학년의 점심시간이 바뀌기 전인 1학기에 4, 5학년 간에 운동장을 사용할 수 있는 요일을 학년별로 정했다고 한다. 그러니 3학년 점심시간이 바뀐 걸 모르는 4, 5학년 아이들과 형들끼리의 약속이 있다는 걸 모르는 3학년 아이들 사이에 갈등이 발생할 수밖에 없는 상황이었다. 이에 학생자치 두레에서는 운동장 사용과 관련하여 발생한 문제에 대해 아이들의 의견을 들어 아이들이 직접 문제를 해결할 수 있도록 하기로 했다. 그래서 우선 각 학급에서 '운동장 사용을 어떻게 하면 좋을까?'에 관해 반 아이들의 의견을 들어야 했다. 우리 반에서도 됨됨톡톡 시간을 활용하여 위 안건을 다루었다.

"오늘 선생님은 '어떻게 하면 모두가 즐겁게 운동장을 사용할 수 있을까?'란 주제를 가지고 여러분들의 의견을 듣고 싶어요. 여러분들이 여기서 이야기한 의견은 3학년 대표 학생 2명이 전교학생다모임에 가서 '3학년은 이렇게 운동장을 사용했으면 좋겠다고 말했어요' 하고 전달해 줄 거예요."

정말 우리의 의견이 전달되는 건지, 그럼 대표 두 명은 어떻게 뽑는지 여기저기서 질문이 쏟아진다. 질문에 답해 주고 난 뒤 다시 본론으로 돌아와서 나는 일단 아이들에게 운동장에서 축구를 하면서 어떤 문제가 있었냐고 물었다.

"점심시간에 형들이 반대쪽 골대 비어 있는데 못 쓰게 했어요."

"놀이터에서도 못 놀게 했어요."

"형들이 자기들이 축구한다고 비키라고 했어요. 비속어도 썼어요."

나는 아이들의 속상한 마음이 담긴 토로에 공감해 주며 칠판에 문제들을 받아 적고 말했다.

"너희들이 참 많이 속상했겠구나. 그런데 너희들처럼 4, 5학년들도 속상했을 거야. 형, 누나들끼리 잘 지켜지던 약속이 우리 3학년의 점심시간이 바뀌는 바람에 깨져 버리게 된 거니까. 그래서 이제 우리 3, 4, 5학년이 새로운 운동장 사용 약속을 만들어야 하는 거지. 너희들이 말한 이 문제들을 어떻게 해결하면 좋을까?"

"3, 4학년은 지금처럼 같은 요일에 써요."

(아이들이 전교학생다모임을 거쳐 직접 약속을 정하기 전까지 기획회의에서 학년부장님들끼리 3, 4학년은 화, 금, 5, 6학년은 월, 수, 목에 운동장을 쓰기로 임시로 정한 약속이다.)

"5, 6학년만 일주일에 세 번 운동장을 쓰지 말고 3, 4학년이랑 5, 6학년이 한 달마다 쓰는 요일을 번갈아 써요."

"팀을 짤 때 4학년 형들이 자기 마음대로 안 하고 뽑기나 가위가위보로 정하면 좋겠어요."

"형들이 우리에게 비속어를 안 쓰면 좋겠어요."

아이든 어른이든 간에 선후배 사이의 갈등은 흔히 있는 일이다. 후배 입장인 우리 반 아이들의 속상한 마음이 한마디 한마디에서 너무나 잘 느껴져서 안타깝고 한편으론 귀여웠다.

"우리 반의 의견은 이제 3학년 대표학생들이 전교학생다모임에서 잘 전달을 해 줄 거예요. 그래서 우리 학년을 대표해 줄 친구 두 명이 필요한데, 혹시 우리 반에서 하고 싶은 친구가 있을까요?"

뭐든 참 의욕적이고 하고 싶어 하는 우리 반, 너도나도 손을 든다.

손을 든 아이들에게 나는 3, 4, 5, 6학년들이 모인 자리에서 우리가 가장 낮은 학년임에도 불구하고 3학년의 의견을 씩씩하게 용기를 가지고 전달할 수 있는 친구, 실제로 운동장에서 축구를 하다가 갈등을 겪었던 친구가 갔으면 좋겠다고 말했다. 사실 나는 대다수의 아이들이 내 말을 듣고 들었던 손을 스르륵 내릴 줄 알았다. 내가 어렸을 적에는 선배들 앞에서 후배들이 자신들의 입장을 당당하게 표현하는 게 두려웠으니까.

하지만 내 말을 듣고도 실제로 축구를 하다 갈등을 겪었던 아이들은 손을 들고 있었다. 자기가 대표로 가서 이야기하겠다며. 정말 의외였다. 대표를 못 뽑으면 어쩌지 하고 걱정하고 있던 내가 부끄러워지는 순간이었다. 그리고 끝까지 손을 들고 있던 아이들에게 다모임은 방과후에 진행되니 부모님께 참석해도 되는지 여쭤 보고 허락을 받은 사람은 나에게 이야기해 달라고 말했다.

다음 날, 3명 중 2명이 부모님께 허락을 받아 왔고, 3학년 다른 반

희망 학생 2명까지 해서 총 4명의 아이들이 모여 가위바위보로 3학년 대표 2명을 정했다. 우리 반 학생 1명과 마루반 학생 1명.

그리고 다모임이 있는 날, 나는 아이들을 학생다모임실 앞까지 데려다주며 이야기했다.

"얘들아, 형, 누나들 앞이라고 쫄지 말고! 씩씩하게 우리 3학년의 의견을 잘 전달해 주고 와! 잘할 수 있지?"

"네!"

싱글벙글 웃으며 대답하는 아이들.

나는 아이들이 잘할 것이라 믿고 교실로 발길을 돌렸고, 얼마 뒤 우리 반 아이가 돌아왔다.

다모임이 어땠냐고 물으니 "잘하고 왔어요. 잘 정해졌어요"라고 한다. 정해진 결과가 만족스러운가 보다. 웃으며 이야기하는 아이의 모습을 보니 괜히 나도 뿌듯하고 기분이 좋았다. 이번 됨됨톡톡을 통해 나는 우리 반 아이들의 새로운 면모를 보았고, 아이들에게서 용기를 배웠다.

1회부터 16회까지, 됨됨톡톡을 마무리하며

우리 반은 3월부터 12월까지 총 열여섯 번의 됨됨톡톡 시간을 가졌다. 올 한 해 학급을 운영해 나가면서 아이들과 함께한 추억들이 참으로 많지만 그중에서 됨됨톡톡 또한 소중한 추억으로 내 머릿속에 오래 남을 것 같다.

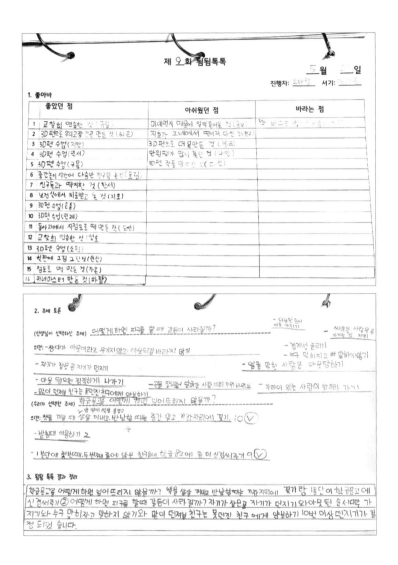

제 9 회 됨됨톡톡

5월 2일

진행자: 오하람   서기:

1. 좋아바

좋았던 점	아쉬웠던 점	바라는 점
1 교창회 연습한 것 (규림)	미세먼지 때문에 일찍 들어온 것 (준모)	3D 바르는 것
2 3D펜으로 우리교장 건물 만든 것 (하온)	집중가 그네에서 떨어져 다친 것 (현우)	
3 3D펜 수업 (지안)	3D펜으로 더 못만든 것 (빈규)	
4 3D펜 수업 (민서)	단원평가 많이 틀린 것 (수영)	
5 3D펜 수업 (규율)	3D펜 작품 망가진 것 (유진)	
6 중간에 시간에 다솜반 친구랑 운신 (효림)		
7 친구들과 먹치한 것 (찬서)		
8 보건실에서 치료받고 온 것 (지효)		
9 3D펜 수업 (은유)		
10 3D펜 수업 (민제)		
11 동아리에서 지점토로 떡 만든 것 (도빈)		
12 교창회 입장한 것 (성호)		
13 3D펜 수업 (소원)		
14 칠판에 그림 그린 것 (현신)		
15 점토로 떡 만든 것 (가율)		
16 키네마스터 만든 것 (하람)		

2. 주제 토론

(선생님이 선택하신 주제) 어떻게 하면 피구를 할 때 갈등이 사라질까?
- 다퉜던 순서 매를 가지기
- 싸웠던 사람끼리 가지러 가기 (제일)

의견: 쟁대가 아웃이라고 우기지 않고, 아웃되길 바라지 말기
- 경계선 늘리기
- 자기가 잡은 공 자기가 던지기
- 누구 맞히고 싸 말하지 않기
- 아웃 됐으면 진짜로 나가기
- 얼굴 맞힌 사람은 아웃당하기
- 공을 잡았을 땐 멀리서 사람 거리 가까워지게
- 가까이 있는 사람부터 자리 가기
- 많이 던제 친구는 못던진 친구에게 양보하기
(우리가 선택한 주제) 학급문고 어떻게 정돈 시켜드리는 것 이 좋을까?
 2번 많이 세운 불빛②
의견: 책을 꺼낼 때 살살 꺼내고. 반납할 때는 중간 말고 가장자리에 꽂기. 10 ✓
- 받침대 이용하기 2
- 1분단이 첫번째,두번째 줄에 담은 친구들이 학급문고에 좀 더 신경써주기 9 ✓

3. 됨됨 톡톡 결과 정리

학급문고 어떻게 하면 넘어뜨리지 않을까? 책을 살살 꺼내고 반납할때는 가장자리에 꽂기랑 1분단 이학 급문고에 신경쓰기② 어떻게 하면 피구를 할때 갈등이 사라질까? 자기가 잡은 공 자기가 던지기와 아웃된 순서대로 가지기와 누구 맞힌지 말하지 않기와 많이 던져날 친구는 못던진 친구 에게 양보하기 10번 이상 던지기가 결정 되었 습니다.

학생자치의 일환으로 됨됨톡톡을 운영하면서 가장 좋았던 점은 바로 '좋아바' 형식의 돌아가며 말하기였다. 학급에는 스스로 손을 들고 자기 생각을 이야기하는 것을 좋아하는 아이가 있는 반면, 스스로 나

서기보다는 말할 기회가 주어졌을 때에만 말문을 여는 아이도 있다. 그렇기 때문에 손을 들고 발표를 시키게 되면 늘 하던 아이들만 주로 이야기를 하게 된다. 하지만 '좋아바' 형식의 돌아가며 말하기는 아이들의 성향에 관계없이 모든 아이들에게 자신의 생각을 한마디씩 이야기할 수 있는 기회를 제공할 수 있어 좋았다.

두 번째, 아이들이 스스로 규칙을 만드니 규칙을 더 잘 기억하고 더 잘 지켜서 좋았다. 나의 학창 시절을 돌이켜 보면 모든 학급규칙, 학교규칙을 학생인 내가 주체가 되어 만들어 본 기억이 없다. 나 또한 학생이 만들어야 한다고 생각한 적도 없는 것 같다. 그 당시에는 그저 선생님께서 학급규칙을 일방적으로 '통보'하셨고 우리들은 그 규칙에 '무조건' 따르는 것이 당연하다고 받아들였으니까. 하지만 지금 우리 반은 다르다. 아이들이 말하는 '좋아바'에서 우리 반의 문제가 드러나게 되고 그 문제를 해결하기 위한 규칙을 아이들이 스스로 만든다. 교사인 나는 아이들이 말한 바를 조금 정돈된 말로 다듬어 주고 한글파일에 기록, 출력하여 교실에 부착해 둘 뿐. 나는 아이들이 서로 이야기를 나누는 과정을 통해 규칙을 스스로 만들었기에 더 잘 지킬 수 있는 것이라 생각한다.

무엇을 하든 항상 아쉬움은 남는 법. 됨됨톡톡을 운영하면서 내가 아쉬웠던 점은 딱 한 가지다. 매주 목요일 4교시를 됨됨톡톡 시간으로 정했음에도 불구하고 이런저런 사정을 들어 고정적으로 진행하지 못한 것. 사실 몇 번은 나 스스로 '에이, 지난주에 규칙 하나 새로 만들었고 이번 주는 별 문제없어 보이는데 안건이 나오겠어? 진도나 나가지 뭐'라고 생각하고 다모임을 건너뛴 적도 있다. 하지만 12월 학생자치 두레의 마지막 모임 때, 한 선생님의 말씀을 듣고부터는 내 생각이 조금 달라졌다.

"내년부터는 모든 학급이 안건이 있을 때만 다모임을 진행하는 것이 아니라, 매주 고정된 시간에 다모임을 진행하는 것은 어떨까요? 만약 매주 다모임을 진행한다면 아이들이 자신의 주변에서 일어나는 일들에 대해 더 관심을 가질 것이라고 생각해요."

교사로서 아이들에게 교과서 속 지식을 전달하는 것도 중요하지만 사소한 학급, 학교의 문제일지라도 아이들이 그 문제에 주의를 기울이고 서로 의사소통하는 과정을 통해 문제를 해결해 나가는 경험을 제공하는 것이 좀 더 중요한 것이 아닐까?

내년에는 부디 매주 1회 고정된 시간에 학급다모임을 진행하여 아이들에게 자신의 생각을 자유롭게 이야기할 수 있는 기회를 더 많이 제공할 수 있기를 바란다.

학생자치 두레 사례 2

토의가 필요해

양정열

토의가 필요해, 첫 번째 이야기

어쩌다 혁신학교에 오게 되었는데 삼 주체(학생, 학부모, 교사)가 교칙을 함께 만들어 간다고 한다.

소담초 육학년 가람반은 월요일 이 교시에 자율 시간을 갖고 교칙 중 논의가 필요한 의제를 선정하고 이야기를 한다.

그래서 정해진 의제는 '학생들에게 휴대폰 사용을 허용할 것인가? 허용한다면 어떻게 운영할 것인가?'였다.

혁신학교 경력만 따지면 1개월을 갓 넘은 신규인 듯 신규 아닌 신규 같은 나라서 그런지, 처음 내 생각은 '학생들에게 무슨 휴대폰이야? 열쇠 채워서 철저히 관리해 줄 테니 내라!'였다.

하지만 로마에 오면 로마법을 따르라 했던가? 난 민주적인 혁신교사 코스프레를 하며 학생과 함께 토의하는 교칙 선정 회의를 열었다.

회의를 하면서 우려했던 것이 몇몇 학생의 분위기에 휩쓸려 "휴대폰 사용은 개인의 자유이다. 수업 시간에도 편하게 사용할 수 있는 여건을 조성하자!" 같은 결정이 나올까 걱정이 되었지만, 가람반 학생들은 수업 시간과 쉬는 시간에 사용하지 말자라고 의견을 결정했다. 이유는 기특하게도 다음과 같다.

1. 폰을 사용하면 선생님의 수업권과 공부하고자 하는 친구들을 방해하니 사용하지 말자.
2. 혹시 선생님께서 보관하시다 고가 폰 분실 시 책임 소재가 불분명하니 휴대폰을 개인이 보관하자.

당시에 내색을 안 했지만 나의 수업권과 경제상황을 걱정해 주는 우리 반 아이들이 어찌나 사랑스러웠는지 모른다.

하지만 개인이 보관할 때 진동으로 할지 무음으로 할지에서 학생들의 의견이 갈렸다. 초등학생도 급하고 중요한 일을 알아야 하니 휴대폰을 진동으로 해야 한다는 생각과 진동이 울리면 수업에 방해가 되니 무음으로 해야 한다는 생각으로 나뉘어 서로의 의견을 개진했다. 적당히 담임의 의견을 말해서 담임의 의도대로 토의의 결론을 유도해 보려다 참았다. 왜냐하면 며칠 전 토의에서 내가 개입해서 내 의견이 결론이 되어 버린 적이 있었기 때문이다. 국어 2단원 다양한 관점 단원의 텍스트인 콜럼버스 항해의 진실을 읽고 '콜럼버스는 침략자인가?'라는 주제로 토의를 한 적이 있다. 교과서 글쓴이는 원주민의 것을 약탈하고, 정복을 위해 원주민의 목숨을 앗아 가는 일도 서슴지 않았다고 말하며, '콜럼버스는 침략자이다'라는 관점으로 글을 썼다.

콜럼버스 항해의 진실

정범진·허용우

우리는 흔히 '콜럼버스의 신대륙 발견'이라는 표현을 쓰면서 콜럼버스가 아메리카 대륙을 발견하였다고들 한다. 또, 콜럼버스의 항해는 역사적으로 아주 중요한 사건으로 여겨진다. 그 뒤 유럽 사람들이 아메리카로 물밀듯이 밀려들었으며, 아메리카는 물론이고 유럽, 나아가서는 세계 전체의 운명까지도 완전히 달라졌다는 점에서는 주목할 만한 역사적인 사건임에는 틀림없다.

그러나 과연 콜럼버스가 아메리카 대륙을 발견하였다고

콜럼버스의 항해에 대한 글쓴이의 관점을 정리하여 봅시다.

글쓴이의 관점	콜럼버스의 항해는 신대륙 발견 이/가 아니라 구대륙 침략 이다.

교과서 글의 영향으로 콜럼버스를 침략자라고 주장하는 학생이 열여덟 명 정도였고, 위대한 탐험가라고 주장하는 학생이 여섯 명 정도되었다. 한쪽에게 너무 불리한 것 같아 담임인 내가 소수의 편을 들어 준다고 했고, 아이들은 근거 부족으로 고전하다 담임에게 최후 변론을 부탁했다. 마치 〈매트릭스〉에서 인류를 구원해 줄 단 한 명, 네오를 보는 듯한 눈빛과 함께.

결론부터 말하면 난 그들의 구원자가 되어 주었다. 이렇게 될 것을 예측한 나는 치밀하게 준비했고, 내 최후 발언으로 반대 측도 고개를 끄덕이며 반박을 포기했으니. 반대 측에서는 창과 칼로 원주민을 죽였다. 신대륙을 발견하려고 가면서 왜 창과 칼을 가져가 사람을 죽이느냐며 계속 공격했는데, 적절한 반박을 하지 못했다. 그래서 나는

"창과 칼은 원주민을 죽이기 위함이 아닌 콜럼버스 자신과 선원들을 해적이나 맹수로부터 보호하기 위함이었다"라고 반박했다. "콜럼버스는 보다 효율적인 항로를 발견해서 많은 사람에게 도움을 주고자 했지 그들을 약탈하고 죽이려는 의도는 없었다. 콜럼버스가 신대륙을 발견한 1492년엔 원주민이 약 이십오만 명이었는데, 1538년에는 약 오백 명 정도만 남게 된 점은 정말 슬픈 일이지만 콜럼버스가 그 많은 사람들을 죽인 침략자인가? 그렇다면 칼과 창으로 많은 사람이 죽었다고 칼을 만든 사람이 살인자의 누명을 쓰는 것은 옳은가? 그것을 바르게 사용하지 못한 살인자에게 잘못이 있지, 칼이나 철을 개발한 발명가에게는 큰 잘못이 없다. 콜럼버스 입장에서는 먼 훗날 목숨을 걸고 신항로를 발견한 나를 살인자나 침략자로 생각한다면 억울하지 않을까?" 이렇게 내가 개입을 하면 '어차피 결론은 담임선생님 의견인데 토의 토론이 무슨 의미가 있어? 이미 답은 정해져 있는데' 할까 봐 휴대폰 진동/무음 토의에서는 개입하지 않고 지켜만 보았다. 그랬더니 12 대 12로 동률이 나왔다.

맘 같아서는 저번 콜럼버스 토의 때처럼 진동이 불가한 이유를 청산유수처럼 말하고 선생님도 학급의 일원이니 선생님도 한 표를 행사하겠다고 설득시켜 보려 했다. 그러나 과연 그것이 바람직한가라는 생각을 하며, 잘못된 방향으로 가 시간이 걸려 돌아오더라도 다시 토의를 하고 개선하는 방식으로 아이들의 눈높이에 맞춰 교육과정을 운영하고 싶었다. 그래서 다음 시간에 다시 토의를 하자고 하며 마무리했다. 그때까지만 해도 이렇게 평온하게 마무리 될 줄 알았는데….

토의가 필요해, 두 번째 이야기

띠링~ 문자가 온다. 학부모님이다.

학부모님 수업 중 휴대폰 진동 모드와 무음 모드에 대한 토의가 있었다고 들었습니다. 이 안건에 대해 월요일에 다수의 의견에 따라 결정된다고 하는데 맞는지 궁금해서 문자 드립니다. 아직 어린이들이라 진동 모드를 선호하여 투표 결과에 따라 정말 실천이 된다면 어쩌나 걱정이 됩니다. 고려 부탁드립니다.

담임 협의 후 결정한 대로 실천되는 것으로 알고 있습니다. 저도 무음을 원하는데요. 학교 의견대로 해 보고 문제가 있다면 재논의할 생각입니다. 우선 반 아이들의 의견을 들어 봤습니다. 학교 전체의 의견을 나누고 담당 선생님의 조정을 거친 후에 결정되고 시행이 되니 우선 기다려 보아야 할 것 같네요.^^

학부모님 네 잘 알겠습니다만, 저의 개인적 의견은 이게 왜 토의 대상인지 모르겠습니다.ㅜㅜ

휴대폰 제한을 자유 억압이 아닌 미성년자의 올바른 휴대폰 사용법 지도의 관점으로 봐야 더 정확할 것 같다는 의견입니다. 간곡히 부탁드립니다. 우리 선생님의 강력한 무음 어필 및 지도 부탁드립니다.^^

즐거운 주말 보내시고요~

내 처음 생각과 일치하는 이 문자를 받고 들었던 생각은 '어떻게 이렇게 내 마음을 잘 알아주실까?'보다는 괜한 참견을 받은 것 같은 느낌이 들었다. 마치 공부하려고 책을 폈는데 옆에서 공부하라는 엄마의 잔소리 때문에 기분이 상하는 그런 기분이었다. 특히 두 문장이 마음에 걸렸다. 이게 왜 토의 대상인지 모르겠습니다. 선생님의 강력한 무음 어필 및 지도 부탁드립니다. 지금 글을 쓰다 보면 별 내용이 없는데, 그렇게 마음이 쓰인 건 그날 컨디션이 안 좋아 내가 너무 예민했는지도 모르겠다. 내 생각에 동의하는 듯 동의하지 않는 학부모의 의견을 들으며 생각이 많아졌다. 그러면서 문득 떠올랐던 고등학생 시절의 기억.

내가 다닌 고등학교 정문에서는 아침마다 기이한 풍경이 펼쳐진다.

험상궂은 학생 주임 선생님이 서 계시고 옆에는 선도부 학생들이 같이 있다. 두발 단속, 명찰 단속, 소지품 검사가 목적이다.

엄격한 기준에 미달되어 적발된 불쌍한 영혼들은 항상 있다. 엎드려 뻗쳐 자세로 낑낑 대는 아이들의 신음 소리는 공포감을 더 극대화했다. 지나가는 학생들은 죄인처럼 눈을 마주치지 않으려 고개를 숙이며 지나간다. 가끔씩 명찰을 깜빡하고 온 날에는 얼마나 마음 졸이며 지나갔는지 모른다. 가끔씩은 선생님께서 한 학생을 지목하며 말씀하셨다.

"야, 너 가방 열어 봐." 만약 야한 잡지나 담배가 가방에 있다면 그날은 제삿날인 거다.

지금 생각해 보면 '과연 선생님의 그러한 행위가 옳았는가?' 의문이 든다.

우리는 사회 시간에 대한민국은 자유민주주의 국가이며, 국민은 부당한 권력에 지배당하지 않을 자유를 가진다고 배웠지만, 매일 등교 시간에는 권력에 순응하는 법을 배웠다.

난 고등학교 3년 내내 "선생님께선 제 가방을 함부로 열어 보실 권리가 없습니다"라고 말하는 친구를 본 적이 없다. 다시 현재로 돌아와서 학생의 휴대폰 사용 자유 대 교사의 학생 지도 가치가 충돌하는 이 순간에 과연 무엇이 옳을까?

토의가 필요해, 세 번째 이야기

학생의 토의 후 나온 결과에 대해 어느 정도 인정해 주는 것이 옳은가? 학부모의 의견과 담임의 의견이 다를 때엔 담임이 참고만 하고 학급운영을 해도 옳은가? 이 문제를 어떻게 처리할까 계속 머리가 아팠다. 우리 반 대의원이 학급의 의견을 가지고 소담초등학교 대의원회에 가서 토의를 했다. 소담초등학교 대의원회의에서 결정된 사항은 다음과 같다. 결정된 지침은 휴대폰은 가져올 수 있지만 수업 시간과 쉬는 시간에는 휴대폰을 끄고 가방에 보관할 것. 무음이냐 진동이냐 의논할 필요가 없었다. 휴대폰을 꺼 두어야 하니깐.

다음 날 학생들에게 말했다. 우리가 휴대폰 사용에 대해 논의했는데, 학교 지침은 학교에서 휴대폰 사용을 금지했다고 말해 주었다. 난 이렇게 말하면 "선생님, 이럴 거면 우리가 왜 토의했어요?"라고 항의할 줄 알았다. 그런데 너무나도 태연하게 알았다고 하는 것이다. 어쩌면 아이들은 회의 주제를 듣는 순간 예상했을지도 모른다. 학교에서 휴대폰 사용은 불가하다는 것을 혁신학교 삼 년 차인 학생들은 이미 알고 있었지만 혁신학교 삼 개월 차인 담임만 혼자서 쓸데없는 고민을 했을지도 모르겠다. 그런데 학생들과 토의했던 시간이 쓸데없는 시간이었을까? 그리고 왜 아이들은 그렇게 차분했을까?

먼저 학생들과 휴대폰에 대해 토의한 건 쓸데없는 시간이 아니었다고 생각한다.

서로 다른 생각을 가진 사람들이 함께 이야기하고 올바른 결정을 하는 것이 정치고 의사소통이라면 인간은 의사소통 없이 혼자서 살 수 있을까? 인간은 사회적 동물이라는 철학자의 말을 빌려 오지 않더라도 혼자서 사는 건 불가능하다는 것을 누구라도 알 수 있다. 설령 결론이 나 있는 쟁점이라 하더라도 친구들과 토의하는 것은 아이들에게 큰 공부가 될 것이라 생각한다.

또한 자신의 의견들이 학교교육과정에 반영되는 것을 눈으로 실제 보았기 때문에 학생들은 느꼈으리라. 올해만 해도 학교 쪽문을 개방해 달라는 학생 및 학부모의 의견이 학교교육과정 운영에 반영되어 쪽문을 사용할 수 있게 되었으니까. '우리가 말한 합리적인 의견은 학교나 선생님께서 받아 주시네? 내 삶을 바꾸기 위해서라도 토의에서 내 의견을 말할 필요가 있겠구나! 다음 토의에서는 내가 원하는 것을 더 적극적으로 말해야지.' 그래서 우리 반 아이들은 자신의 의견을 말할 기회를 얻은 것만으로도 만족할 수 있었으리라. 회의에 참여할 동기를 갖게 되었고, 적극적으로 회의에 자주 참여했기에 친구들의 생각이 모두 다름을 알게 되었을 것이다. 수많은 토의를 거치는 과정에서 다름은 틀림이 아님을 알았기에 토의의 결론이 마음에 들지 않더라도 수용할 수 있는 너그러움을 갖추게 된 것은 아닐까? 토의를 통해 내 실제 삶의 변화를 보고 느낀 학생이 토의에 참여하는 것과 형식적인 토의 그 자체로 끝이 나서 변화를 체험하지 못한 학생이 토의를 대하는 것은 얼마나 큰 차이가 있을지 생각해 볼 문제이다.

급식 시간 내 앞에 앉게 된 우리 반 개구쟁이 남학생에게 물었다. "예전에 휴대폰 사용에 대해 우리가 토의했잖아. 그런데 학교 대의원회에서 결정이 나서 폰 사용 못한다고 선생님이 말했을 때 어땠어? 만약 내가 그런 말을 들었다면 괜히 헛고생했다고 짜증 날 거 같아서." 우리 반 아이는 20초쯤 곰곰이 생각하더니 급식실의 소란스러운 분위기 속에서도 차분히 자신의 의견을 말한다.

"솔직히 휴대폰을 사용하지 못하게 된 건 아쉬운데요. 그냥 우리 마음을 이야기한 것만으로도 괜찮았어요. 모든 게 우리 맘대로 되는 건 아니잖아요."

그 스승에 그 제자라더니. 청출어람이다.

예전 학교에서 있었던 일이다. 어떤 사안에 대해 부장들이 모여 치열하게 부장회의를 하고 어렵사리 결론을 도출했다. 그런데 그 결론이 교장실로 들어가고 나서 교장 선생님의 생각대로 손바닥 뒤집듯이 결론이 바뀌는 것을 보면서 난 생각했다.

'이럴 거면 왜 회의했어?'

이와 같은 맥락에서 이번에 느낀 점이 또 하나 있다.

토의만으로 끝나 버리는 토의는 큰 의미가 없다는 것. 학생들에게 진정한 민주시민의식을 심어 주려면 토의한 내용이 학교교육과정에 반영될 수 있는 학교문화나 시스템이 뒷받침되어야 한다는 것을 말이다. 그리고 그 시스템이 구축된 학교에서 토의를 통해 자신들의 삶이 변화될 수 있음을 체험할 수 있게 해 주는 것이 중요하다는 것을 말이다. 그것이 바로 혁신학교가 해야 할 일이 아닐까 싶다.

교학상장教學相長. 오늘도 6학년 아이들에게 배웠다.

3장

두레, 그리고 수업 두레

정유숙

어느 집단에 있느냐가 나를 만든다. 우리는 내용적으로 구성적으로 서로에게 기대고 빚지고 산다. 사람 인人이 라는 글자는 두 획의 기울기와 기댐을 바탕으로 만들어 졌다. 사람과 사람 그 사이의 각도에서 빚어내는 다양한 자장들. 그 다종다양함이 공동체 특유의 문화를 만든다.

"우리가 너무 게을렀어요."

12월 다모임 안건으로 '두레 폐지와 개선'에 대한 사안이 올라온 후 유우석 선생님께 건넨 말이다. 학교 구성원에게 소담교육의 정책과 목적을 실현하는 일을 정치라고 한다면, 정치적 긴장감을 껴안는 자세에서 나태한 면이 있었다. 공식 두레 모임은 11월에 마쳤고, 12월 초 자체 평가 5일의 과정 동안 두레 평가나 19학년도 운영 체제에 대한 이야기를 마친 상태였다. 우선 월 2회로 운영 횟수를 늘리기로 했고, 두레 주제에 대한 손질도 대략 논의가 끝난 바였다. 두레 조직의 착근은 요원해 보이지만, 장기적으로 바라볼 문제라 생각해 그 다음의 몫으로 남겨 둔 일이 많았다.

학교 안의 다양성을 가능하게 하는 것은 민주주의의 중요한 부분일 테다. 그러나 다양성은 저절로 유지되는 것이 아니다. 필연적인 긴장을 관찰하고 차이를 수용하고 인정할 때 가능하다. 소담초는 개교 3년을 지나면서 매 학년 말 묵직한 주제들로 교사회가 가동된 바 있다. 돌아

보면 우리가 마련한 절차에 따라 논의를 나누고 결론을 낸 건강하고 성숙한 과정들이었지만 그 이후의 마음들이 썩 좋지는 않았다.

마침, 2019학년도 교내 인사와 관련해 한 차례 소란이 지나갔던 시기였다. 파커 J. 파머는 『비통한 자들을 위한 정치학』(2012)에서 "정치가 상처에 무관심하며, 이로 인해 정치에 낙담한 사람들은 점점 정치 세계에서 내가 아무것도 할 수 없다며 자신감을 상실하고, 내 요구를 담은 정치적 발언을 시도하면 다른 사람의 언어공격에 의해 더 나쁜 일에 시달릴지 모른다는 두려움에 빠져 있다"라고 발견한 바 있다. 두레 개선을 위한 협의가 필요함을 누구보다 인정하지만, 걱정이 앞서는 것은 이 지점이었다. 발언을 통해 스스로를 드러내는 사람 이외에 보고 들으며 상황을 판단하는 사람이 여전히 많이 있다. 절차를 거치면 어떤 결정이든 만들어 질 테다. 그러나 여러 과정에서 쌓이게 되는 불편한 마음과 상처는 회의록과 의결 내용으로 드러나지 않더라도 분명 소담을 견인하고 유지하는 큰 요소다. '왜 민주주의에서 마음이 중요한가'라는 책의 부제가 여러 층위로 우리 상황에 닿아 있었다.

세월이 조금 흐른 후, 이 글을 다시 읽게 되면 어떤 느낌이 들까. 출간된 지 일 년 남짓한 전편 『어쩌다 혁신학교』를 읽으니 불과 한두 해 전 이야기가 아스라이 느껴지는 게 추억의 책장을 넘기는 기분이다. 소담초의 두레가 인근 학교에 파급되고 좋은 모델로 안착되길 바라는 야무진 꿈은 고사하고 교내에서만이라도 잘 자리 잡았을까 사실 걱정도 앞선다.[1] 학교의 1년살이를 돌아보는 추운 계절. 두레는 우리 곁에서 군불을 피워 대지만 체감하는 온도는 각기 다르다.

사실, 두레에 대한 글쓰기를 최대한 미루고 싶었다. 조금 더 시간이 흐르면 보이는 것이 확연히 달라질 테니까. 아직 오지 않은 미래未來라는 말은 끊임없이 차연되는 것이다. 혜안이니 통찰력이니 하는 말도 어쩔 수 없이 사후적으로 기능하는 말이다. 그러니 결과론적 평가에 마음을 빼앗기지 말자. 내 패를 홀홀 털고 나면, 다른 이의 패와 섞여 돌아가는 그 거리의 문법을 따라야 한다. 분명한 것은 우리가 서 있는 현재라는 시점은 늘 도움닫기의 발판이라는 점이다. 학교를 새로이 하려는 여러 노력 중 관료제 조직을 보완한다는 것은 어떻게 가능할까. 학교조직을 교무조직이 아닌 학습조직화한다는 기치는 구체적으로 어떻게 실천될 수 있을까. 이런 과제 앞에서 소담초의 두레는 단언컨대 새로운 도전을 하고 있다.

두레, 어디까지 왔나

맥락 이해를 위해 간추려 보자면, 소담초의 전문적학습공동체는 크게 두 축으로 운영된다. 학습 내용과 지도 대상을 공유하는 동학년 중심의 학습공동체와 학교교육내용의 실질적 기획 및 운영과 관련된 학습공동체가 그것이다. 전자를 교실마실이라 부르고, 후자를 두레라 부른다. 매주 목요일 교실마실, 교사들은 옆 반에 나들이 가듯 모여

---

1. 40학급이 넘는 큰 학교 규모가 완성되면서 우리 학교가 채택한 절차는 대의민주주의 방식이다. 이 틈새를 보충하기 위한 직접민주주의 실현의 방편으로 교직원다모임과 교사회가 존재한다. 다모임은 전교직원이 참여하는 자리로 월례회적 성격을 갖는다면, 교사들과 직접적으로 관련된 민감한 사안이나 종결된 사안 중 재논의가 필요한 내용은 일정 수 이상의 동의를 바탕으로 교사회에서 다룬다. 현재 두레 운영에 관한 사안은 교사회에서 전면적으로 다뤄질 예정이다.

학년교육활동에 대해 함께 논의하고 연구한다. 초등의 동학년 연구 체제는 중등의 동교과 연구 체제처럼 자연스럽고 매끄러운 구조이고, 나름 역사와 유서가 깊다.

두레는 우리 학교 전매특허의 학습공동체다. 두레라는 명칭은 알다시피 다른 형태의 구성이나 조직에서도 많이 사용되는 이름이다. 구분하자면, 소담초의 두레는 학년교육활동과 학교교육활동의 주요 축을 종횡의 구조로 만나게 하는 성격이다. 애초 작명에 참여했던 이들은 구조 형태에서 씨줄과 날줄의 직조 방식을 떠올려 베틀을 삼으러 다니는 두레삼에서 이름을 따왔다고 한다. 나는 그보다는 선조들의 협동방식이었던 두레와 품앗이의 두레로 이해하고 부른다. 찾아보니 품앗이가 사적 친분과 소규모 형식인 데 반해, 두레는 보다 공동체 단위에서 이루어지며 의무적 참가 방식을 띠었다고 한다. 공적 형식으로 운영되는 면에서 소담의 두레와 제법 비슷한 면이 있다. 고안되고 시행된 지 몇 개월 되지 않은 터라 물론 많은 시행착오를 겪고 있다.

매월 셋째 주 월요일에 두레가 운영된다. 두레 운영을 맡은 처지에서는 쉬이 잠이 들지 못할 정도로 전날 밤이 길다. 그러나 두레원들은 당일 두레가 열리는지조차 잊기도 한다. 한 달에 한 번 한 시간 남짓한 시간 안에 무언가를 만들어 내기엔 물리적 조건이 열악하다. 두레의 가치도 필요성도 이유도 아직까지 많은 교사들에게는 어렴풋한 상태다. 두레 효력을 부정하며 폐지에 관한 의견이 나올 만한 충분한 이유다. 길게 가려면 반드시 거쳐야 할 산이다. 뭐든 하면 안 되는 이유를 찾는 것은 쉽다. 그러나 해야 하는 이유를 찾는 것과 이해를 구하는 일은 훨씬 어렵고 중요하다. 우리가 해야 할 일은 그 이유를 찾는 일에 더 많은 구성원이 참가할 수 있도록 하고 그리하여 우리들의 일로 전환하는 것이다.

소담공동체에서 두레란 무얼까. 많은 교사가 수업에 몰입할 수 없는 이유로 행정업무와 잡무를 꼽는다. 행정업무를 거두면 교사들이 수업에 몰입하게 될까. 그렇다고 단정하기 어렵다. 몰입할 수 없는 그다음 이유가 계속 있기 때문이다. 업무에 대한 규정은 여러 가지가 있을 수 있다. 좁게는 수업과 생활교육 이외의 모든 것이라 선 긋는 이도 있지만 교육활동에 필요한 기획과 운영, 평가에 대한 일은 교사가 응당 해야 할 일들이다. 두레는 전술한 우리 학교 운영의 핵심을 함께 논의해서 방향을 잡는 기구다. 여러 혁신학교에서 방향키를 잘못 잡은 항해로 열정이 무색하게 표류하는 모습을 보지 않았던가.

두레와 학년을 두 축으로 하는 사분면을 중심으로 소담초 교사들의 분포 현황을 정리해 보자. 일차 함수로 읽는 소담초 조직론, 이름을 굳이 붙이자면 소사분면 정도가 되겠다(구조에서 기인하는 유형을 분류하려는 목적이고, 개개인을 평가하거나 불편하게 하려는 의도가 전혀 없으니 소담 구성원은 부디 가벼운 마음으로 읽어 주시길).

2사분면은 주로 업무지원팀에 있는 두레장들이 분포 가능하다. 업무지원팀은 학년에서 교과를 가르치는 전담교사들이지만 현실적으로 교실마실에 참여하지 못하는 한계가 있다. 업무 기획과 추진에 있어 더 많은 권한이 있지만 학년에서 펼쳐지는 상황에 대한 인지와 파악이 부족할 수 있다. 학년교육활동에는 적극적으로 임하지 못하지만 두레 참여에 열심인 교사도 존재하겠다.

3사분면은 두레와 학년 두 축에서 모두 음수의 영역에 존재하는 유

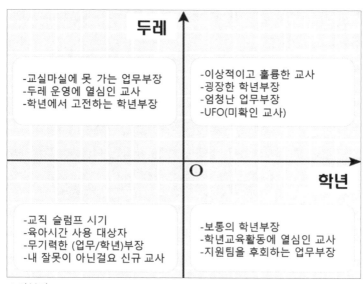

소사분면

형이다. 소담초에 첫 발령을 받은 신규 선생님들이 개인의 열정과 무관하게 이 지점에 분포할 수 있다. 두레 운영은 보통 학년 대표성을 갖고 참여하기에 학급으로 돌아가 공유와 확산의 역할을 해야 하는데 저경력 선생님들이 감당하기엔 어려움이 있을 수 있다. 또한 중간 리더로서 보직은 맡았지만 여러 이유로 고전하고 있을 부장교사들이 있다. 긴 교직 생애주기에서 하필 지금 슬럼프에 있는 교사도 있을 수 있다. 정부가 장려하는 저출산 극복의 시대에 학교 협의체에 소환되어야 하는 것이 불편한 육아 시간 사용 대상자도 있을 수 있겠다. 3사분면은 개인의 의지보다는 물리적 이유로 어려움을 겪는 상황으로 현 분포에 위치할 수밖에 없는 특징이 있다. 이 영역의 난점을 발굴하고 해결하는 것이 두레 유지의 과제로도 연결될 것이다.

학년 전문적학습공동체에 성실히 참여하는 교사들의 대부분은 4사분면에 포진하겠다. 기존의 동학년 연구체제에 익숙한 형태이다. 다양한 특성을 지닌 여러 학급을 아우르고 품어 내는 학년부장이 있겠다. 팔로워십으로 학년부장과 걸음을 맞추는 학급 담임교사들도 여기에 있다. 지원팀에 들어왔으나 업무 일변도의 분위기와 무게감에 어려움을 호소하는 업무부장도 있을 수 있다.

마지막으로 1사분면에는 학년과 두레 모두를 잘 이해하고 참여하는 교사가 분포해야 한다. 교사 유형의 진술에 '이상적, 훌륭한, 굉장한, 엄청난' 등의 가치지향적인 수식어가 붙는다. UFO(미확인된 교사)라는 별명이 붙은 것을 보니 상상할 순 있지만 현재 시점에서 실재하기 어려움이 있어 보인다. 이 영역은 아직까지 소담인에게는 이상 세계다.

각자의 위치는 조금씩 다르겠지만 2, 3, 4분면 어딘가에 소담초 구성원 개개인이 자리하고 있다. 이상의 분포를 분석해 보면 제한적인 포진이 다음의 구조적인 문제에서도 기인함을 알 수 있다. 첫째로 두레의 위상이 정립되지 않은 점이다. 두레원이 각자의 학년에 가서 내용을 공유할 때 좀처럼 공적 사안으로 접근되어 파급력과 확산력을 갖기 어렵다. 두레가 가진 힘이 세지 않다는 문제는 서로의 두레에 대한 이해와 수용의 부족으로도 드러난다.

둘째는 협의체 간 위계와 의결 절차상의 문제다. 현재 월요일 두레에서 다뤄진 내용은 그 주 수요일 기획회의에서 의사결정을 거쳐 목요일 교실마실에서 공유된다. 그러나 안건에 따라서는 학년 구성원의 의견이 수합되는 과정이 이루어져야 하기에 협의체 간 주고받는 과정이 확보되어야 하는 경우도 있다. 두레 1 : 기획회의 2 : 교실마실 4의

빈도로 협의가 이루어지기에 다음 두레까지 의견이 오고 가는 절차는 물리적으로 마련되어 있는 실정이다. 그러나 운영의 변수가 발생하고 실제 협의체들이 잘 작동하지 않는 경우가 많아 매끄럽지 못한 부분이 있다.

셋째는 공적 협의시간에 개인 복무사항(육아 시간, 조퇴, 외출)이 우선하는 경우다. 두레 운영 시 결원이 생기면 무엇보다 학년 공유에서 공백이 생기므로 좀 더 확실한 참여 장치가 필요하다. 이 부분은 서로 다른 가치를 우선순위에 놓느라 해석이 달라지는 경우이므로 구성원의 합의와 약속이 좀 더 필요한 부분들이다.

이상, 2018학년도에 만들어져 시행된 두레의 현 상황에 대해서 대략적으로 살펴보았다.

두레가 가져온 확장

이제 두레의 등장으로 학교에서 흔히 사용되던 언어의 가치와 의미가 어떻게 변화하고 확장되는지 살펴보고자 한다. 이전에 없었던 조직이 만들어지고 자리 잡는 과정에서 학교 언어의 개념적 의미가 조정되고 확장되었음을 몇 가지 사례로 밝힌다. 이는 단순히 두레라는 장치가 추가되는 것을 넘어 두레 시스템이 작동하면서 학교의 질서가 새로이 재편된 것이라 볼 수 있겠다. 일반적으로 통칭되는 협의적 개념 정의를 소담 생태계의 바탕에서 숨을 불어넣어 광의적 정의로 넓혀 낸 것이라 하겠다.

'전문적학습공동체'의 확장

근래 전국의 학교는 전문적학습공동체[2](이하 전학공으로 약칭함)의 전성기를 맞고 있다. 전학공은 동학년/동교과/특정 주제를 중심으로 한 교사 간 연구 모임이다. 기존에도 교과연구회나 동학년연구회라는 형식으로 존재했던 개념이었지만 학교의 철학에 비추고 자발성에 바탕을 둔 공동 연구라는 성격으로 전환되고 있다.

학교자치의 시대에서 전학공은 기존의 수업 개선의 영역을 넘어 보다 적극적으로 실천될 필요가 있다. 이때 두레는 전학공이 어떻게 확장되어야 하는지 방향을 제시한다. 흔히 전문적학습공동체는 학년이나 교과의 교수학습 내용과 관련하여 설계되고 진행된다. 반면, 두레를 통해서는 단위학교에서 주목할 가치로운 현안이 발굴되고 논의될 수 있다. 우리 학교에서 필요한 것을 구성원 스스로 찾아내고 그에 대한 자치력을 발휘하기 위해 공동의 논의가 가능해진다.

2018학년도 소담초의 두레는 교육과정/수업/평가/학생자치/학생생활 5가지 주제로 운영되었다. 그러나 2019년에는 소담학력관/수업(평가)/학생자치/상담으로 조정될 예정이다. 혁신학교 학력에 대한 책임교육론이 대두되었고, 생활교육과 관련한 시스템이 마련되어야 한다는 자체 평가 결과에 의해서다. 두레의 주제는 시기별로 집중할 과제

---

2. 로티(Lortie)는 『교직사회: 교직과 교사의 삶』(1975)에서 교직 특유의 문화를 혼자 일하기 좋아하는 변화에 저항적인 보수주의, 당면한 일에만 치중하는 현재주의로 정리한 바 있다. 이를 극복하기 위한 대안으로 교사 간 전문적학습공동체를 제안했다.
　　세종교육청(2017)은 전문적학습공동체를 "학교 비전을 구현하는 교육과정, 수업, 평가를 공동으로 기획·실천·성찰하는 교원들의 학습공동체로, 교육 전문가인 교원이 집단지성을 발휘하고[전문적], 공동기획·실천·성찰의 일상적인 학습을 하며[학습], 학교의 비전을 함께 실현해 가는 생활공동체[공동체]를 만들어 간다는 의미를 갖는다"로 정리했다.

가 무엇인지에 따라 바뀔 수 있다. 소담초에서 집중할 굵직한 업무들의 철학을 공유하고 방향을 공동으로 기획하는 일은 더디지만 추진과정에 있어 내내 큰 힘과 타당성을 마련한다. 학년/교과 중심 전학공에서는 논의가 이루어지지 않았지만 학교자치를 위해 다루어야 할 영역과 범주가 두레를 통해 선명해진다.

'교사 전문성'의 의미 확장

교사 전문성이란 대체 뭘까. 흔히 의사의 처방 및 진료에 견주어 전문직으로서의 교직에 대해 이야기하지만 사명감과 현실적 평가 사이에서 두리번대다가 대개는 개개인의 내재화된 신념 정도로 넣어 두곤한다. 물론 소신 있는 교사들은 자신의 철학과 경험을 담아 자기 언어로 정리해 두기도 하지만 이 역시 각자의 정의로 존재할 뿐이다.

그러다 매 학년 말이 되면, 스스로의 교사 전문성에 대해 돌아보고 기록할 시간이 외부적으로 혹은 의무적으로 주어진다. 모든 교사는 해마다 교육공무원 승진규정 제16조 2항에 의거하여 '자기실적평가서[별지 제3호의 2서식]'를 반드시 제출해야 한다. 위 서식의 자기실적평가 영역에는 학습지도/생활지도/전문성개발/담당업무라는 하위 항목이 있다.

우선, 위의 서식 자체는 전술한 네 가지 영역을 창의적으로, 적시에 처리하기 위해 노력했는지를 서술하게 하고 스스로 평가척도를 매기도록 구조화하고 있다. 서식이 활용되는 다면평가는 승진 및 성과급지급과 연계되므로 비교와 서열 매김이 가능하도록 정량화된 내용을 적어야 변별력 획득에 유리하다. 교사들은 이 중 전문성 개발의 영역을 어떻게 이해하고 기록할까. 인터넷에서 관련 자료를 검색하니 대체적으로 이런 예시들이 수집된다.

- ○○교육지원청 영재교육원 발명영재 강사로 활동
- ○○교육연구원 학습나눔터 공모전 입상(교육감 표창)
- 2018 교육자료전 참가 및 입상
- 청소년과학탐구대회 시대회 기계공학 부문 ○상 입상 지도
- 도단위 사이버학습 선도교사 역할 수행
- 2015 개정교육과정 선도교원으로 전달 연수 실시
- ○○교과연구회 회장/총무/회원
- ○○초, ○○초 전문적학습공동체 연수의 강사로 출강

표집 내용을 일반화하기엔 성급함이 있겠지만, 지표로 활용될 때 교사 전문성의 의미는 더욱 협소하게 이해되는 것 같다. 학교 밖 교육 기관으로의 출강, 연구대회 입상, 유공교원 표창에 근거하여 교사 전문성이 서술된다. 앞선 내용들이 교사 전문성의 영역에 해당하지 않는다는 것은 아니다. 그러나 이러한 전문성이 도구주의적으로 활용될 우려를 숨기고 싶지 않다. 머무는 공간에서 만나는 아이에게 감화를 건넬 수 있는 교사로 성장하기 전에 정량적, 대외적 강화에 길들여지는 것을 경계하는 것이다.

한편, 외부 인사나 강사가 일시적으로 교사들과 만나는 일은 효과 만큼 그 한계도 있다. 최근 세종교육청 교육과정지원단 평가회 자리에서 단위학교 지원을 위한 컨설팅에 대해 지원단 소속 교사들은 다음을 성찰해 낸 바 있다. 교육부의 권한 이행으로 시도교육청의 역할이

확대되고 조정되는 때, 이전처럼 외부 강사가 컨설팅과 멘토링으로 현장을 하향 지원하는 방식이 여전히 유효할지에 대한 물음이었다. 학교별 상황과 분위기를 알지 못하기에 좋은 구성과 내용을 투입하더라도 의미 지점이 잘 맞히지 않는 한계를 경험으로 모두 느꼈던 것이다. 교육과정과 장학관님과의 대화 역시 이를 방증한다. 교육청에서 교육과정-수업-평가 지원단을 운영하는 목적 자체가 이 과정을 통해 역량을 기른 지원단 교사들이 최종적으로는 단위학교에서 리더 역할을 해내리란 기대를 갖고 있다는 맥락이었다.

그런 의미에서 우리의 내용과 형식을 다루고 만드는 두레에 참여한다는 것은 학교 밖 스타 강사보다 더 큰 전문성을 발휘하는 일이다. 일상의 터전에서 켜켜이 쌓여 있는 교육 문제를 캐내고 다듬어 내는 작업은 맥락과 상황을 잃고 보편성으로 포장된 멋진 말들이 결코 파

 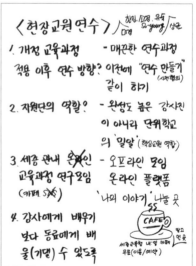

교사 자기실적 평가서 양식과 교육과정지원단 평가회 자료

고들 수 없는 영역이다. 다시 말해 교사 전문성은 단위학교의 밑알 역할로 먼저 이해되어야 하고, 두레는 그러한 역량과 보람을 쌓아 가며 전문성을 갖게 되는 충분히 좋은 기제다.

'수업'의 의미 확장

전통적인 관점에서 수업은 교과 내 차시 목표 도달을 위한 체계적 설계와 조직에 많은 관심을 요구했다. 그러나 학교교육과정이 실현되는 아이들과의 만남의 장면으로 수업을 바라본다면, 교과 성취기준 도달에 매몰되던 수업의 관성을 저지하기 위해 다른 힘의 투입이 필요함을 알 수 있다.

사실, 두레에서 수업을 논하다 보니 이 의미의 확장은 필연적일 수밖에 없었다. 서로 다른 학년의 담임교사가 모여 수업을 이야기하려니 학년 중심의 전학공에서 바라보는 수업과는 다른 배율로 수업을 바라봐야 했다. 달리 표현하면 소담초는 수업 두레를 만들게 되면서 수업을 바라보는 현미경과 망원경을 갖게 된 것이다.

학년 전학공에서 이루어지는 수업 연구와 실천은 당연히 해당 학년의 아이들을 중심에 두고 이루어진다. 내일의 만남에서 활용 가능하고 실천할 수 있는 내용들이 보다 구체적이고 자세하게 만들어지고 다루어질 테다.

반면 수업 두레에서 다루는 수업 연구는 소담의 교사들이 공통적으로 견지할 수업관이나 아이들이 어떤 방식으로 배우는지에 대해 이야기 나눌 수 있다. 단위수업들이 누적된다고 해서 학교의 철학이 지향하는 인재-소담식으로는 홀로서기와 함께하기로 삶을 가꾸는 아이-가 자라게 되는지 등의 물음을 환기한다(자세한 것은 수업 두레의 경험을 나누는 3장에서 부연해서 다룬다). 보다 긴 시간 안에서 학년을 넘어 생각해야 할 것들을 근원적으로 바라보며 다루는 형식이다.

사족이겠지만, 수업을 연구하는 주체로 학년 전학공과 두레 중 무엇이 더 적합한지에 대한 논의는 사실 무의미하다. 존재의 우위와 효과의 영역에서 비교할 일이 아니다. 학년 전학공과 수업 두레가 조명하는 수업의 의미 범위가 다르다. 서로를 보충하고 엮는 역할로 그 가치와 풍부함을 이해한다면 좋겠다.

이처럼 두레는 단순히 구조로서의 존재가 아니라 학교 안의 다양한 담론을 주도하고 질서를 재배열하는 기능을 한다. 전문적학습공동체가 주목해야 할 교육 담론을 생산하기도 하며, 교사 전문성의 의미를 학교철학에 근거하여 공적 영역에서 역할과 소명을 다하는 것으로 확대시키기도 한다. 때론 수업의 의미를 아이들과 만나는 교육적 장면으로 바라보게 하고 수업이 진행되는 생태계를 주목하게 한다. 미처 의식하지 못해 언급하지 못한 다른 사례들은 관찰력 좋은 누군가에 의해 또 발견될 수 있기를 기대해 본다.

두레에서 '수업'을 다룬다는 것의 의미와 한계

2018년 3월, 두레 구성이 처음 조직될 때다. 교실마실에서 학년 선생님들에게 두레를 안내하고 신청을 받으니 다른 두레에 비해 수업 두레 희망자가 많아 학년 나름의 조율을 거쳤다고 한다. 이 상황은 9

월에도 반복되었다. 신규 발령받은 7분의 선생님들께 두레를 안내하고, 참여를 부탁드리니 수업 두레를 희망한 분이 많았다.

특별히 수업 두레에 대한 기대와 설렘이 있어서가 아닐 테다. 많은 교사의 화두는 '수업'이다.[3] 배우가 연기로 말한다면, 작가가 책으로 말한다면, 교사는 당연히 수업으로 말해야 한다고 나 역시 오랫동안 생각해 왔다.[4] 때에 따라 수업과 학급운영, 생활교육을 구분해서 말하기도 하지만, 어쨌든 하루 일과에서 우리가 아이들과 만나는 대부분의 물리적 시간은 '수업 시간'으로 마련되어 있다. 그 안에서 아이를 만나고 자라게 하는 거의 모든 관계와 활동이 이루어져야 한다.

그러니 이 넓은 수업의 영역을 당연히 두레 장치에서 온전히 감당할 수 없다. 담임교사 개인의 노력과 학급구성원 공동의 노력, 동학년 교사 공동의 노력, 학교 차원의 노력이 함께 가야 한다. 층위적 분석 없이 수업을 위한 노력의 역할과 책임을 한 단면에서 평가할 수 없는 노릇이다.

다음은 지난 10월, 세종교육연구원의 연수원학교 운영 중 1개 과정을 수업 두레가 맡게 되면서 활용했던 원고다. 1년 차 수업 두레의 운영 현황을 담고 있는 글이기에 그 의미와 한계를 고스란히 드러내고 있다. 글의 맥락을 살려 길지만 그대로 싣는다.

---

3. 이 상황적 역설은 2장에서 언급한 〈자기실적평가서〉의 4개 영역이 학습지도/생활지도/전문성 개발/담당업무로만 체계화되어 있다는 점과도 맞물린다. 상식적으로 가장 중요하다고 인식하는 수업영역이 빠져 있다. 이를 억측 반 농담 반 섞어 정리해 보자면, 교사도 교육부도 수업을 평가받아야 할 영역이나 평가 가능한 영역이 아닌, 교육의 일상적 행위로 인식한다고 결론 내릴 수밖에 없다.
4. 물론 지금은 교사의 '수업'이 수업관과 내용, 방법, 기술의 문제뿐 아니라 수업 안에서 사람과 상황을 받아들이는 자세, 마음의 습관, 더 크게는 사는 모습(감당하기 어려울 정도!)으로 관점이 확장되긴 했다.

소담초 교사
함유찬, 홍유민, 조은정, 장정원, 황소연
이빛나, 김영국, 이상미, 오윤미, 정유숙

1. 수업을 보는 눈

흔히 학교 혁신 분야 중 가장 어려운 것이 수업 혁신이라고 한다. 동시에 수업 혁신을 학교 혁신의 꽃이라고도 한다. 말하자면, 끝없는 끝이다. 이 엄중하고 가치로운 일에 사실 수업 두레는 큰 사명감이나 기대 없이 휘말렸다. 한 학기가 흐르고 두레 활동의 선언적인 명분을 감각적으로 겨우 더듬어 낸 지금에서야 우리가 하는 일의 윤곽을 조금 이해하는 중이다. 다만, 수업 두레에서 논의되고 만들어야 할 것들이 짧은 시간 해낼 수도, 해내서도 안 되는 일이라는 것만큼은 선명해졌다.

교육 안에서 '수업'만큼 큰 화두가 있을까. 교육정책과 방향이 숱하게 바뀌었어도 교수자와 학습자라는 두 축 사이의 상호작용으로 존재하는 수업만큼은 위상도 중요성도 흔들림이 없었다. 최근에는 수업장학이나 컨설팅 외에 수업비평(이혁규, 윤양수), 배움의 공동체(사토 마나부), 아이 눈으로 수업 보기(서근원), 수업코칭(김현섭) 등 수업을 바라보는 관점과 해석이 부쩍 깊고 풍부해졌다. 참 반가운 일이다. 물론 쏟아지는 수업 연구의 방법을 익히고 견주고 각자에게 최적화된 것을 찾느라 학교 현장과 교사들은 더 분주해지기도 했다.

-공동수업 디자인은 수업 연구를 위한 최선인가?
-공개수업을 많이 하면 교사의 수업력은 향상되는가?
-참관 관점표와 수업협의회는 수업 개선에 도움이 되는가?

-좋은 수업은 무엇이며 누구를 위한 것인가?

  그간 수업나눔이라는 방식으로 실천되어 온 사례를 접하며 떠올린 거친 물음들이다. 수업이 바뀌면 학교가 바뀐다지만 행위의 근원을 묻는 질문 앞에서는 다시 막연해진다. 앞서 언급한 다양한 수업 연구를 환영하지만 한편, 수업 자체의 의미와 현상에 대해서만 집중하게 되는 것에는 아쉬움이 있다. 근래 교육과정-수업-평가를 일련의 흐름에서 바라보자는 목소리는 그런 점에서 당연하지만 꼭 필요하다 하겠다. 그러나 평가를 연계한다는 것이 목표 도달을 위한 결과로만 수렴되기도 하고, 때로는 수업이 차시 분량의 완결적 과정으로 좁게 해석되기도 한다. 수업을 어떤 시각과 배율로 들여다보고 이야기를 나눌지는 다양할수록 좋겠지만, 수업이 어떤 목적과 행위로 이루어져야 하는지를 함께 조망할 수 있는 감각 역시 중요한 것이다.

  그렇다면, 조금 더 확장해서 교사와 아이들이 함께하는 실질적인 시공간적 개념, 서로가 만나는 삶의 장면을 수업으로 보는 시선은 어떨까. 학생자치에서 만들어 낸 학생과 교사 간 문화와 약속이 실천되는 곳, 교사의 교수학적 지식과 방법적 능력을 넘어 지식과 사람, 세상을 대하는 태도를 통해 삶을 대하는 자세를 배우고 닮게 되는 것, 이를테면 학교 안 삶의 양식으로서의 수업 말이다.

  2. 수업 두레의 1년
  두레는 우리 학교에서 이루어지는 수업에 대해 논의하는 공식적 기구지만, 교수 설계의 관점에서 구체성을 띠는 데에는 한계가 있다. 다시 말하면 학년교육과정 운영의 주체인 학년 단위에서 고민할 수업의 영역과 수업 두레에서 고민할 수업의 영역이 다를 수밖에 없다. 소담의 수업 연구를 위해 세운 큰 설계의 흐름은 다음과 같다.

▶ 수업 두레 동료장학 방식
_____
1) 공동 수업 디자인 - 2) 수업 참관 - 3) 수업나눔(협의회)
_____

첫 번째는 사전협의회 성격의 수업 디자인 과정이다. 공동 수업 디자인의 의미는 공동수업에 한하는 것이 아니라 개별 수업에 대해서도 공동으로 수업 디자인을 한다는 뜻이다. 수업 두레는 구성원이 맡고 있는 학년이 각각 다르기에 교과관, 수업을 통해 길러 주고 싶은 역량, 학생 실태 등을 공통의 디자인 요소로 제시했다. 세부 내용은 올해 학년별로 실천된 사항을 모아 내고 다듬는 방향으로 접근 중이다. 과정안의 서두에는 세종교육청에서 정리해 낸 세종형 수업 실천의 원리(참여하는 교실, 생각을 키우는 수업)를 제시하여 수업 실천의 큰 방향에 대해 견지하도록 했다.

두 번째, 수업 참관 과정에서 사용되는 수업과정안과 수업 관찰지 양식을 만들었다. 먼저, 본 수업에서 수업자가 지킬 수업 약속을 제시했다. 수업 두레에서 논의되었던 수업 약속 8개를 제시하여 선택하도록 하고, 상단의 한 항목은 수업에 임하는 교사 스스로 적도록 구성했다. 두 번째로는 수업자의 자가 수업진단 항목을 제시하여 차시 수업 너머 고려할 것들을 제시했다. 자가진단은 수업 후 수업자의 자기 평가의 목적으로 기능할 수 있다.

▶ 나의 수업 약속과 우리의 수업 약속 ☑

□	
□아침마다 하루 일과(계획)를 공유하겠습니다. □수업 시간에 늦지 않겠습니다. □칠판 판서를 또박또박 하겠습니다. □하루의 수업을 기록하겠습니다.	□발표를 골고루 시키겠습니다. □수업 중 학생 개별 활동 상황을 살피겠습니다. □아이들 모두의 이름을 한 번씩 불러 주겠습니다. □아이들의 속도를 기다려 주겠습니다.

1. 학생들은 내가 자신에게 관심을 갖고 있음을 안다.	①	②	③	④	⑤
2. 학생이 일상적으로 자신의 생각과 감정, 질문을 하도록 돕는다.	①	②	③	④	⑤
3. 사회현상이나 문제를 수업에 적극 끌어와 일상적으로 이야기한다.	①	②	③	④	⑤
4. 의견을 옳고 그름의 판단보다 다름과 다양성의 자세로 대한다.	①	②	③	④	⑤
5. 모든 사람은 스스로 성장함을 믿고, 실수와 잘못은 바로잡되 비난하지 않는다.	①	②	③	④	⑤

올해, 수업 두레가 주목한 것은 사후협의회 성격의 수업나눔이다. 서로의 생각을 다양하게 나누는 자리로서 기존의 수업협의회의 의미를 회복해 보자는 것이다. 보통의 수업협의회에서는 수업자의 수업 상황이나 고민에 대한 조언이나 해결 방법을 공유한다. 의미 있는 과정이지만, 이미 종료된 수업의 결과론적 접근에 그치거나 특수한 상황적 처방에 머물기도 한다. 따라서 직접적인 해결과 정답을 찾기보다는 수업자의 수업을 매개로 우리 안의 교육적 물음을 찾고 그에 대한 다양성을 교류하는 데 목적을 두려 했다.

▶ 소담 수업나눔 순서

가. 수업 교사 및 수업 주제 소개
나. 수업과 수업 교사의 장점 찾기 (모두 말하기)
다. 수업에서 관찰한 사실 나누고 토의 주제 정하기(모둠 협의)
라. 주제 토의하기 (전체 협의)
마. 수업자 소감 나누기
바. 수업나눔 소감 나누기

소담 수업나눔의 흐름은 이렇다.

1) 수업 교사에 대해 사회자가 간략히 소개하고 수업자는 수업의 흐름과 주제를 소개한다.

2) 다음으로는 수업나눔에 참석한 모든 교사들이 돌아가면서 수업과 수업 교사의 장점을 찾아 말한다. 이는 수업을 공개한 교사에

대한 예의와 감사의 표현이며, 이후 논의를 위한 분위기 예열의 과정이다.

3) 수업 참관자가 많을 경우에는 4~6명씩 나누어 모둠 협의를 먼저 실시한다. 이때는 사전에 배부한 관찰지를 활용하여 판단보다는 관찰한 사실에 기초하여 참여한다. 참관자는 쟁점이 담긴 관찰을 붙임쪽지에 적어 낸 후 모둠에서 이에 대한 1차적 의견을 교류한다. 교류 후 모둠에서는 전체 토의에 부칠 만한 안건을 주제화하여 제출한다.

4) 모둠에서 제출된 안건은 전체 협의과정을 통해 토의 주제로 다루어진다. 토의 주제는 관점에 따라 크게 4가지 영역(누가/왜/무엇/어떻게)으로 유목화한다. 전체 협의과정에서는 토의 주제에 대한 구체적인 나의 사례나 고민, 경험을 나누며 다양성을 교류한다. 이때 코칭하거나 가르치려는 방향으로 나가지 않도록 주의하며 교육적 물음에 대한 서로의 의견을 풍부하게 나눈다.

5) 협의가 끝나면 수업자의 소감을 듣는다. 수업자는 협의 중에 발언하기보다는 기록을 하거나 지켜본 후 이 순서에서 발언한다.

6) 마지막으로 전체 과정에 참여한 참여자가 본 수업나눔을 통해 배운 것이나 소감, 본인이 주목하거나 의미 있었던 지점에 대해 공유한다.

그간 수업 두레의 행보를 돌아보면 수업 약속 정하기, 수업 짝 정해 상호 수업 참관하고 협의하기, 수업 성찰일지쓰기 등등을 진행해 왔다. 그리고 본 원고에 소개된 공동 수업 디자인과 과정안, 관찰지 양식, 수업나눔 방식을 정리해 냈다. 이 과정은 정교화 및 검증 작업이 더 필요하겠지만 두레 나름의 여러 시도와 협의를 거쳐 만들어진 것이다.

3. 한계와 나아갈 길

앞서 수업을 숲과 나무의 동시적 성격으로 바라봐야 할 필요에 대해 언급했다. 이를 지속적으로 환기하며 학교에서 이루어지는 모든 교육활동을 수업적 관점에서 바라보고 행위를 하는 일은 결코 쉽지 않다. 그러나 이른바 단위차시 내 학습과정이 충분히 누적되었다고 해서 교육이 자동적으로 이루어지는 것이 아님은 분명하다. 교과와 차시 내용 요소로 흩어진 앎을 진정한 배움으로 연결하는 일은 교사가 수업을 좀 더 종합적 교육활동으로서 바라보고 실천할 때 비로소 가능할 것이다.

이를 위한 우선적 실천으로 수업 두레에서는 수업나눔을 활용했다. 수업으로 실현되는 학교교육과정에 대해 확장된 주제를 선정한 후, 서로의 의견을 묻고 구하며 나누는 방법이었다. 현재, 소담의 수업 두레에서 정리한 내용은 학년별 적용과 학년 말 평가회를 거치며 좀 더 정교해질 필요가 있다. 수업협의회의 참관 대상이나 규모에 따라 적용의 방법이 달라질 수도 있다.

더불어 수업나눔 외에 수업 실천과 수업 디자인 면에서도 좀 더 다각적인 고민과 접근이 필요하다. 전반적으로 수업에 관한 좀 더 열린 눈이 필요하다. 아이를 어떤 존재로 만들고 다룰 것인지, 교사가 잘 조직하고 설계하면 아이들은 과연 잘 배우는지, 아이들이 배우는 방식은 무엇인지, 학교의 비전과 철학을 단위차시 수업으로 어떻게 연계할 것인지 등등.

* 위 글에 소개된 소담수업나눔 과정은 '수업디자인연구소'와 '경남 아이함께연구회'에서 개발한 수업나눔 모델을 차용 및 수정, 적용한 것임을 밝힙니다.

그래도 수업 두레

"선생님, 두레 운영이 너무 어렵고 이상해요."

교무실에 책상 맞대고 있는 업무지원팀이 각 두레의 장이었는데 좀처럼 운영의 갈피가 잡히지 않았다. 두레의 의미와 가치에 대해서는 다른 교사들보다 먼저 이해했지만, 운영 면에서는 각개전투하고 있었다. 그러나 돌파구 역시 마련되지 않았다. 두레별 주제가 다르니 성격이 달라서 그럴 수밖에 없다고 체념한 면도 있었다. 내가 속한 교사지원부 담당 업무에 전학공 운영이 속해 있는데, 두레의 고안에 적극적으로 개입하지 않았으니 실행 면에서의 해석과 가름에 얼마큼 개입해야 하는지 애매한 지점이 있었다. 창안자 이상의 내부자가 될 수 없는 한계와 아웃소싱할 수밖에 없는 구조적 고충을 감당하며 그저 버텼다.

두레에 가서는 여러 이야기를 나누고 다음엔 뭘 하자고 정했다. 매번 협의록을 남겼지만, 한 달 후 만났을 때는 나눈 내용은커녕 관계도 서먹했다. 단적인 예로 영상을 보고 수업분석을 하기로 했던 때가 있다. 전날 새벽 4시까지 두세 번 영상을 돌려보며 전사를 해 갔지만 정작 영상을 보고 온 선생님은 거의 없었다. 원망하거나 탓할 마음은 없다. 앞서 뭔가를 해야 하는 이의 책임이란 그런 거다. 전사 자료를 만든 것 자체가 수업을 보지 못하고 올 상황을 대비한 것이었다. 두레에서 하기로 한 것을 생활 속에서 실천하기에는 사실, 교사의 매일이 너무 치열하다. 교실 안에서의 바쁜 삶을 잘 알기에 두레원들에게 적극 요구하거나 재촉할 수 없었다. 물론 그런 와중이지만 두레원들은 서로 수업짝을 정하고, 수업참관을 하고, 협의회를 하며 나름의 최선을 다했다.

두레에서 나눈 이야기를 학년에 공유하거나 논제화해야 하는 역할 이해는 굉장히 늦게 이루어졌다. 1학기에는 학년부장들이 두레에 속해 있지 않았다. 해당 협의체의 경험이 없으니 교실마실에서 두레 이야기를 꺼내게 한다는 감각조차 생기질 않았다. 뒤늦게 학년부장들이 속한 교육과정 두레가 만들어졌으나 학년교육과정 간에 조정과 협의를 거칠 뿐 전학공의 성격으로는 전환되기 어려웠다. 이제는 기획회의와 역할 중복이 생겼다. 두레원들도 막상 학년에 돌아가서 해야 할 역할을 견지하게 되니 쉬이 합의하거나 동의 지점을 찾기가 어려워졌다. 두레 운영은 더욱 힘들어졌다. 책임을 갖고 참여한다는 건 그런 거다.

다른 두레와 견준다면, 한 해 성과 면에서 수업 두레는 결코 뒤지지 않는다. 그러나 이 동력이 내부적으로만 있었던 것은 아니다. 2017년 2월, 영동의 한 리조트. 혁신학교 지정교 워크숍이 있던 첫째 날 밤이었다. 교장 선생님이 이제 혁신학교가 되었으니 수업에 대한 이야기가 많았으면 좋겠다고, 일상적인 수업 공개로 그 흐름이 보이면 좋겠다고 말씀하셨다. 그러나 우리는 준비가 되어 있지 않았다. 앞으로 2년간은 새로 입주하는 아파트 단지의 전입생을 내내 감당해야 하고, 시기적으로 학교가 신설된 지 반년이 막 지난 즈음이었다. 어수선한 상황이 다소 지속될 텐데 안정에 먼저 힘써야 할 것 같았다. 한편 교사들이 수업에 힘쓰는 것이 꼭 수업 공개로 드러나야 하는지, 이게 강제되었을 때 어떤 효과와 역효과가 있을지 마음이 복잡했다. 수업이 핵심이라는 교장 선생님 뜻에 공감하나 외람되지만, 시간이 좀 필요하니 믿고 기다려 달라고 말씀드렸고, 교장 선생님의 넓은 품 안에서 얼마간의 유예가 가능했다.

2017학년도에 나는 임신 및 출산으로 자리를 비웠고 2018학년도가 되었다. 단지 기대와 언약을 지키는 차원이 아니라 혁신학교 2년 차인 상황상 더 미룰 수가 없었다. 우리 학교는 개교 당해 교원능력개발평가의 동료교원평가를 동료수업장학으로 평가하는 관행을 없앴다. 제도의 적부 논쟁 이전에 한 차시 수업을 보고 동료를 평가하는 구조가 학교 구성원으로서 서로를 이해하고 함께하려는 좋은 방식이 아니라 판단했기 때문이다. 대신 자발적 수업나눔으로 방향을 잡았지만, 지난 3년간 학부모 대상 외 수업 공개는 거의 없었던 터였다. 그렇다고 '이런저런 과정상 해야 할 때가 되었으니 이제 하시오.' 할 수도 없는 노릇이다.

고민이 커져 갈 때 기획회의는 좋은 절차를 마련해 주었다. 그간의 교육적 성장과 성숙이 우리에게 수업 공개가 필요하다는 데에 목소리를 모으고 있었기 때문이다. 덕분에 수업 두레에서 내용을 만들고, 수업나눔 방식을 전체에 공개하면, 학년에서 함께 적용해 보는 방향으로 의결되었다. 다만, 10월 연수원학교에서 수업나눔을 연수 과정으로 공개하게 되면서 빠른 진행이 필요했다.

수업 두레의 1학기는 수업짝과 수업을 나누고 좋은 수업이 뭔지 이야기하고 수업 관점표를 만들어 보는 등 여유를 갖고 넓은 범위에서 이야기를 나누었다. 반면 2학기에는 현안 해결을 위해 몰아쳐야 했다. 번외 모임도 종종 했다. 우리는 두레 운영을 위해 초과 근무를 한 최초의 두레이기도 하다. 김밥을 물고 수업을 분석하며 달라진 수업협의회를 위한 절차를 만들고 검증을 했다. 어찌어찌 과정 과정에 충실하면서 기한 안에 해야 할 일들을 마쳤다. 늦은 저녁, 마침표를 담은 우리의 외침과 자축의 박수를 기억한다. '아, 끝났다!'

수업 두레 선생님들 이야기를 잠깐 해야겠다. 수업 두레에 관한 장이니 그래도 될 것 같다. 수업 두레는 가장 많은 두레원을 보유한 거대 두레다. 기왕 쓰게 된 거 두레원 개개인에게 고마움을 전하는 기회로 삼아 일거해 본다. 수업나눔 적용을 위해 우리 중 누군가의 수업을 봐야 할 시점이었다. 장정원 선생님이 광주까지 내려가서서 본인의 수업 영상을 찾아 제공해 주셨다. 평소 음악에 일가견이 있어 교직원 합창동아리며 3학년 뮤지컬 공동수업 연구를 위해서도 애써 주신다. 내공과 배려로 가득한 음악 수업을 함께 보면서 우리는 모의 수업나눔을 무사히 실연해 볼 수 있었다.

이상미 선생님은 단연 살신성인의 수업 공개자다. 북경에서 교육위원들이 방문했을 때와 연수원학교에서 혁신학교의 수업 장면을 공개해야 했을 때 망설임 없이 학급 문을 여셨다. 선생님이 남기신 명언은 수업이 교사의 공적 행위라는 것이다. 우리가 수업을 '구현되고 있는 교사-학생 상호작용의 장'으로 보다 넓게 인식하게 된 배경에는 이상미 선생님의 활약이 컸을 것이다.

홍유민 선생님은 우리 두레의 분위기 메이커다. 수업 두레에서 수업을 근원적으로 바라보고 이야기하다 보면 아이들에 대한 책임감과 사명감이 교육자의 굴레로 소환될 때가 종종 있다. 이 진지함과 엄숙함을 일상의 유머로 전환시키는 상황에서 유민샘의 재치와 겸손함이 빛난다. 선생님 덕분에 우리는 뼈아프고 무거운 교육 이야기를 근엄주의에 빠지지 않고 감당할 만한 수준에서 나눌 수 있는지도 모른다. 경력과 연령이 다양한 선생님들 사이에서 여러 방면으로 가교 역할을 해 주는 매력적인 분이다.

함유찬, 이빛나 선생님은 경력상 신규 교사와 1정 교사 사이에 위치한 분들이다. 둘 다 믿고 뭔가를 맡길 수 있는 듬직함과 노련함이 있다. 각각은 말없이 든든한 조력자와 탁월하고 영민한 정리자로 두레장의 빈틈을 메꿔 준다. 수업 두레는 젊은 두 분 선생님을 축바퀴 삼아 안정적으로 굴러간다.

조은정, 황소연, 김영국, 오윤미 선생님은 2학기에 들어온 수업 두레의 새바람이다. 네 분 선생님이 신규 발령을 받고 학교 안내와 함께 두레 홍보의 시간이 있었다. 많이 배울 수 있을 것 같아 하필 수업 두레에 오겠다는 선생님들께 '별로 해 놓은 건 없어요. 구성자로 오시는 거니 오셔서 선생님들이 같이하셔야 해요'라고 멋없이 말했는데 그럼에도 불구하고 우리 두레원이 되었다(사실 여기서 평가는 이미 끝났다). 존재만으로도 힘이 되는데 '요즘 교대생'의 명성을 실감하게 하며 최신 이론으로 교육현장을 연결해 주는 역할을 한다. 임용시험을 거치며 갈고 닦은 예리한 관점과 날카로운 수업 분석력을 보여 주기도 했다.

어느 집단에 있느냐가 나를 만든다. 우리는 내용적으로 구성적으로 서로에게 기대고 빚지고 산다. 사람 인ㅅ이라는 글자는 두 획의 기울기와 기댐을 바탕으로 만들어졌다. 사람과 사람 그 사이의 각도에서 빚어내는 다양한 자장들. 그 다종다양함이 공동체 특유의 문화를 만든다. '그' 자리에 하필 '그' 사람이 있어서 '그' 일을 할 수 있게 되는 특별함은 결코 예견과 예측으로 가능한 것이 아니다. 일이 이루어지는 방식은 과업을 달성하는 인재가 적절히 있어서라기보다는, 그 무리에 있는 사람들이 서로에게 미치는 영향 덕분에 도달한 사태로 설명하는 편이 적절하다. 뭔가 부족함을 느낀 구성원들이 결핍의 책임을 외부화하지 않고 서로 간 위치를 조정하고 힘을 쓰고 역할을 발굴해 내면서 채워 갈 때 일은 이루어진다.

'인사가 만사'라는 말처럼 조직에서 사람을 어떻게 배치하고 어떤 역할을 부여하는가는 큰 관심사다. 그러나 사람이 모여서 뭔가를 해낸다는 것은 그런 논리만으로는 가능하지 않다. 집단지성이란 말 속에는 내용 요소로는 결코 파악할 수 없는 그 무리가 만들어 낸 기운과 감화가 존재한다. 올해 나는 수업 두레에서의 경험을 내 수업 속에서도 발견했다. 두레에서 썼던 수업일지를 함께 싣는다.

[수업 성찰일지(2018년 3월 6일)]

5학년 과학 교과전담으로 올해 첫 수업을 시작했다. 기록하고 싶은 두 장면이 있다.

1. 작년에 배운 기초탐구기능(관찰, 분류, 측정, 예상과 추리, 의사소통)을 상기하면서 이야기를 꺼냈다.
"음, 과학 시간이니 선생님에 대해 과학적으로 접근해 봅시다. 여러분이 3~4학년 때 배운 기초탐구기능을 활용하여 선생님을 설명해 보세요. 어떤 기능을 썼는지도 알려 주세요. 그것을 바탕으로 마지막에 선생님 소개를 할게요."

- 머리가 길고 화장을 한 것을 보니 여자입니다. 저는 관찰했어요.
- 성별은 여자. 저는 근데 남자여자 이렇게 분류를 썼어요.
- 아침에 쌤이 유치원에 아이 데려다주는 거 봤어요. 아이가 있다. 이 건 관찰이요.
- 아, 쌤. 결혼했어요? 우리가 소란한데 너그러우신 것을 보니 집에 아이들이 많을 것 같아요. 이건 뭐지? 추리? 예상?
- 저도 추리할게요. 음, 까만 옷을 입은 것을 보니 성격이 어두우실 것 같아요.
- 아니야. 화장을 진하게 하고 귀걸이가 큰 걸 보니 화려한 성격 같 아요.
- 우리 엄마 보니까 아이가 많으면 화장을 할 수가 없더라고. 선생님 은 아이가 한 명 같아요.

    관찰, 분류를 넘어 추리가 시작되자 아이들 표정이 흥미진진해진 다. 앞선 아이들의 발언이 다음 발언의 계단이 된다. 생각이란 결코 독자적인 것이 아니다. 서로의 생각을 디뎌야 다음 것이 보인다. 특별 한 1인의 오류와 환상에서 벗어나려는 성숙은 학습이 개인이 아니라 사회적 성격이라는 인식에서 시작된다. 구성원과 공동체가 갖는 힘은 자력으로 도달하거나 예측할 수 없는 데에 있다.

    2. 과학교과서 부록의 실험 준비물을 살펴보는 중이었다. 앞선 반 에서는 별 질문이 없었는데 ○○이가 묻는다.

- 선생님, 비커 눈금이 근데 왜 두 개예요?
- 진짜? 와 그러네. 하나는 왜 점점 커지고, 하나는 왜 점점 작아져 요?

용량에 따라 비커 이름이 다르다 정도만 이야기하고 넘어갔는데 관찰력이 좋다.

- 잘 봤구나. 둘 다 용도가 있을 거야. 왜 그렇게 만들었을까?
- 같이 쓰여 있는 눈금끼리 더하면 다 똑같아요.
- 그러네. 500이랑 0, 400이랑 100, 300이랑 200. 다 500이네.
- 아, 알겠다. 하나는 담을 때 쓰는 거고, 하나는 따르는 거죠?

덜어 내기와 채우기, 전경과 배경. 역발상과 역사고의 묘미를 저희들끼리 찾아냈다. ○○이가 던진 질문이 파문을 만들고, 그 동심원이 아이들 사고에 자극을 부른다. 교사가 질문하고 학생이 대답하던 기존의 교실 발표를 수업 대화라는 형식으로 아이들이 전환해 낸다. 대화적 상황은 무엇보다도 권위주의가 부재할 때 가능하다는 프레이리의 말이 스친다. 서로 배울 수 있는 이 관계의 지속을 위해 나는 무엇을 해야 할까.

시간이 없다는 핑계로 매끈하게 편집된 지식을 일방적으로 우겨넣고 교실을 떠나 버리는 우를 범하지 않기를. 지식을 교사가 갖고 있다는 오만과 아이들의 반응을 잡음으로 재단하려는 폭력을 부디 행하지 않기를. 옆자리 앉은 친구의 말과 행동이 나와 우리에게 어떤 효과를 일으키는지 아이들이 감각적으로 체득할 수 있기를. 무엇보다 그런 경험을 많이 누릴 수 있는 교실 분위기를 꾸리는 데 애쓸 수 있기를.

올 한 해 이 첫 마음이 내가 소담공동체에서 해야 하는 여러 일을 꿰뚫는 하나의 줄기가 되기를 바란다.

낭만적 회고는 여기까지, 문제는 다음에 있었다. 두레에서 만든 수업나눔 방식은 기존의 동료장학을 대체하는 수업나눔으로 잘 안착되었을까. 물론, 그렇지만은 않았다. 수업 두레의 결과물이 학년 단위 수업 연구 문화를 방해한다고 생각하거나, 꼭 해야 하는 건지 몰랐다며 수업나눔을 행하지 않은 경우도 있다. 이에 대한 분석은 앞서 밝힌 두레의 위상과 맞물려 앞으로의 과제와 연결되므로 다음 기회를 위해 생략한다.

두레와 민주주의

마지막 장이고 다소 어려운 주제다. 그러나 미약하고 비근한 수준에서라도 언급되어야만 두레 이야기를 마칠 수 있을 것 같다.

'대한민국은 민주공화국이다.'

조문을 읽는데 음률이 얹어진다. 역사로 기록된 촛불집회 덕분이다. 2017년 대한민국은 광장의 경험을 통해 '민주'에 대한 인식을 방안으로 들여오는 큰 변화를 맞이했다. 이 경험은 사회 전반에 존재하던 힘의 논리를 살피고 기존 질서들이 타당한지 묻는 기제로 확장되고 있다. 질곡의 현대사를 겪는 중 생겨난 여러 사회 문제들, 특히 사회적 강자와 약자를 분별하고 그 원인을 밝히려는 접근은 친일파 청산, 재벌 해체, 가부장제 타파를 위시한 성 역할 재정립 등 다양한 영역에서 진행 중이다. 거대 서사를 넘어 일상적 삶의 장면으로 정치가 들어온 것이 분명하다.

학교교육도 새로운 국면을 맞았다. 세상 도처에서 지식이 접근 가능해진 바, 학교의 기능도 새로이 논의되고 있다. 이른바 '민주시민'으로 아이를 성장하게 하자는 방향으로 교육이 선회하고 있다. 교육기관은 이제 학교민주주의, 학교자치, 학생자치라는 지향점을 갖게 되었다. 민주주의의 확산이 반가운 반면, 우려도 있다. 민주주의에 대한 여러 해석의 시도가 '공화국'에 대한 주목으로는 연결되지 못하기 때문이다. 민주주의와 공화주의는 통상 같은 말로 이해된다. 그러나 민주주의의 핵심이 다수의 지배, 국민 주권에 있는 반면, 공화주의는 정치 구현에 있어 공적 원리를 강조한다. 사적 행위와 대비되는 개념으로 읽어 내야 한다.

많은 혁신학교가 학교민주화를 실현하는 과정에서 역으로 연대가 와해되는 상황을 맞이한다. 여러 요인이 있겠지만 공적 감각, 공공성의 상실을 원인으로 거론할 수 있다. 규모가 큰 혁신학교의 소통 불능과 공유의 한계를 위한 대안으로 학년군 결합에 근거한 스몰스쿨제가 운영되었다. 그러나 작은 공동체의 울타리는 큰 공동체의 연결로 잘 이어지지 않았다. 그런 의미에서 소담초의 두레는 학급 단위의 교사를 보다 공적 영역이라는 수면으로 꺼내는 장치이다. 학교 민주주의를 위해 교사회를 구성하고, 모두의 목소리가 울리는 구조를 만들었을 때 학교는 자연스럽게 건강해질까. 우리는 과연 덕성을 지닌 시민이 될까. 권리의 실현은 필연적으로 책임의 영역이 수반되어야 한다.

누구나 민주주의를 말하는 시대이다. 그러나 민주화된 사회에서도 민주주의의 문제는 발생한다. 그 집단의 성숙이나 체제의 문제가 아니다. 민주주의 개념 자체가 어떤 완성 모델도 갖고 있지 않기 때문이다. 현재의 실패, 그 무능을 드러낸 곳에서 민주주의는 새롭게 정의된다. 중요한 것은 한계를 노출한 곳에서 새로운 민주주의가 어떻게 제기되고 있는가이다.[5] 두레의 폐지를 논하는 목소리는 역으로 무엇보다 확실하게 개선책과 보완책을 촉구하는 목소리이다. 두레의 안착을 위해 다양한 의견을 주고받는 사이 형성되는 것이 바로 우리들의 민주주의일 것이다.

두레와 민주주의는 교실 밖 거대 서사로 존재하는 것이 아니라 아이들과 만나는 장면마다, 교사의 치열하고 분주한 일상마다 우리가 꿈꾸던 가치가 실현되는 일이어야 한다. 물론 이를 위해서는 다름을 껴안는 마음의 습관과 쉼 없는 긴장, 그 사이에서 발휘되어야 할 조율이 필요할 것이다. 그 대화적 긴장과 상호모방의 호혜성[6]에 소담초의 구성원들이 함께 있음은 두말할 나위 없다.

5. 고병권. 『민주주의란 무엇인가』. 그린비. 2011.
6. 김영민. 『공부론』. 샘터. 2010.

4장

2018 평가 두레 운영 보고서

권찬근

변화를 위해 투쟁하는 것이 아니라 평화롭게 성공하기 위해서는 현실에 기반을 둔 기민함이 필요하지 않을까? 2018학년도의 두레가 과감함으로 시작하고 도전했다면, 2019학년도의 두레는 기민함으로 그 부족함을 채워가길 바란다.

2018학년도 소담초등학교에서 평가 두레를 1년간 운영한 개인의 입장에서 작성한 글입니다. 주된 내용은 작성자 개인의 경향과 생각 및 직접 겪은 사례 위주입니다. 따라서 소담초 두레에 대한 객관적인 이야기를 담지는 못합니다. 이 글에는 어떠한 통계적 근거 자료나 객관적 지표를 담지 못했기 때문입니다. 그러나 나름의 책임감을 가지고 1년간 평가 두레를 운영해 본 개인의 다양한 생각을 담아내는 보고서라고 생각하면 작은 가치를 발견할 수 있을 것입니다. 두레를 직접 창안한 선생님, 두레를 운영한 선생님, 두레에 일원으로 참여한 선생님, 그리고 두레라는 개념을 이론적으로 인지하고 계실 소담초 밖의 다양한 독자분들이 이 소소한 보고서를 보고 어떻게 느끼실지 참 궁금합니다. 너무 깊지도 얕지도 않게 이 글을 읽어 주셨으면 합니다.

두레와 만남

2018학년도 업무팀 구성을 마쳤을 때 나는 어떤 마음이었을까? 1년이 지난 시점에 생각해 보니 딱히 어떤 감정이었는지 기억나지 않는다. 다만, 소담초에 온 2016학년도부터 학년부장으로 2년간 열심히 살아온 경험이 있기 때문에 군입대 전에는 업무팀에 봉사하는 마음으로 일을 해야 한다는 사명감이 있었다. 그래서 업무팀은 당연히 한 번 거쳐 가는 것이고 '올해가 그 시점이구나'라는 마음이어서 특별한 감정이 없었다. 주어진 업무들 중에서 체육과 방송을 제외하고는 생전 처음 맡는 업무였다. 설레거나 두려움 등의 감정을 느낄 겨를도 없이 업무들을 효율적으로 처리할 것들과 가치 있게 다루어야 할 것들로 분배하고 정립하는 것에 몰두했었다. 그렇게 내가 2018학년도에 학교에서 어떻게 살아야 할지 나름의 계획을 짜 놓은 와중에 나에게 던져진 것이 두레였다.

두레가 나에게 주어진 과정은 다소 당황스러웠다. 두레에 대하여 명확하게 제시된 것이 없었다. 만들어진 취지를 이해하는 것은 크게 어렵지 않았다. '동학년 중심의 구조에서 탈피하고 학년 간 모임 및 소통의 구조를 만들어 낸다', '날줄과 씨줄의 결합처럼, 학년과 두레의 종적 횡적 짜임을 만들어 낸다', '업무팀 선생님이 학년 선생님들과 소통이 부족하여 두레를 통해 소통을 하도록 한다' 등이었다. 충분히 인정할 수 있는 내용이었다. 그렇다면 두레는 어떻게 운영해야 하지? 이것은 순전히 두레 운영을 맡은 두레장에게 떠넘겨졌다. 나의 업무 중에는 평가 업무가 있는데, 이와 관련하여 평가 두레를 운영하게 되었다. 하지만 나는 두레가 평가를 순수하게 연구하기 위한 모임인지 평가와 관련된 각종 현안 업무를 담당하는 것인지, 아니면 그 이상의 무엇인가를 해야 하는지 감이 없었다. 단지 나는 평가 두레를 이끌어야 하는 사람이 되었고, 두레 운영의 광야에 내던져진 것이다. 아마 두레장을 맡은 다른 업무팀 선생님들도 같은 마음일 것이라 감히 추측해 본다. 그렇게 나는 두레와, 아니 더 정확히는 평가 두레와 만났고, 두레와 함께 고난의 2018학년도를 겪게 되었다.

두레의 시작

두레의 시작은 무엇일까? 곰곰이 생각해 봤다. 두레가 다수의 필요에 의해 발생한 것인지, 누군가의 필요에 의해서 만들어진 것인지 알아보는 것은 매우 중요하다. 민주적인 학교를 표방하는 소담초에서 학교 운영 시스템 중 큰 부분인 두레가 생긴 그 역사는 과연 무엇이었을까?

명시적인 시작은 2017학년도의 끝자락에서 진행되었던 자체 평가에 있다. 당시 여러 이야기를 나누는 과정에서, 학교 운영의 아쉬운 점으로 '학년 간 교류 및 소통이 필요하다'는 취지의 의견이 나왔다. 그 의미가 '친목'을 위한 소통인지, 학습 또는 교육과정 운영 등의 '연구'를 위한 소통인지는 명확하게 기억나지 않는다. 다만 자체 평가에서 '학년 간 소통이 필요하다'는 누군가의 요구가 있었고, 이러한 요구를 반영하기 위해 학년 간 선생님들이 만나는 장을 만들어야겠다는 생각을 누군가가 하게 된 것이다.

다음으로는 업무팀과 학년 간의 소통 문제가 있다. 업무팀 선생님과 학년 선생님 사이에 소통이 잘 이루어지지 않아서 매우 불편하다는 것이다. 당시에 6학년 부장으로서 학년에 속해 있던 나는, 특별히 소통의 문제가 있다고 느끼지 않았다. 다만 그렇게 느끼는 선생님들이 존재하였고, 이와 관련해서 크고 작은 갈등이 있다고만 알고 있다. 업무팀의 온도와 학년의 온도가 서로 달라서 공존하는 것이 불편한 것이다. 그래서 이를 해결하기 위해 업무팀 선생님들이 학년 선생님들과 직접적으로 만나는 창구가 필요하다는 의견이 누군가에 의해 제시되었다고 한다.

또한 업무팀 선생님들은 각 학년에 전담으로 들어가 있어서 명목상으로는 해당 학년에 속하여 교실마실에 참여해야 하고, 그것이 소통창구의 역할이 되어야 하지만, 업무 과다로 인해 실질적으로 진행되지 못한 어려움이 있었다고 한다. 그래서 이를 해결하기 위해 교실마실과 같은 새로운 형태의 모임이 필요하다는 의견이 누군가에 의해 제시되었다고 한다.

적어도 내가 인식한 두레의 시작점은 위와 같다. 그런데 위 내용들 속에서 이상한 점을 발견할 수 있는데, 각 사례들을 이야기하면서 사용한 언어들이 다소 추측성이거나 모호한 표현이라는 것이다. 나의 기억력이 나빠서, 1년 전의 이야기를 잊어버린 상태에서 쓰는 글이라 그런 것일까? 당시의 상황을 모르고 본다면 이 글을 읽는 독자들은 그렇게 여길 수 있다. '아무리 자기 주관에 의해 쓰는 글이라 해도, 명확히 기억하는 부분을 써야 하는 것이 아닐까?'라고 비판하면 어쩔 수 없지만, 나는 위의 내용처럼 쓸 수밖에 없다. 왜냐하면 두레의 시작이라고 할 만한 소담초 전체 구성원들의 협의과정이 없었기 때문이다.

'자체 평가에서 언급되었다면 소담초 구성원들이 모두 학년 간 만남의 필요성에 대해 이야기를 나눈 것이 아닌가?'라고 반문할 수 있다. 당시의 상황을 더 정확히 설명하면, 학년 간 소통의 문제는 잠시 다루어지고 지나가는 작은 이야기 중 하나였다. 그 주제로 특별히 심도 깊은 토의를 한 것은 아니다. 학교에 대한 여러 가지 아쉬움 중 하나였고, 통계적으로 유의한 내용이 아니었다. 그러나 이 의견은 두레라는 시스템을 창안하는 과정에서 선택되고, 아주 유용한 근거 자료로 활용된다.

업무팀과 학년의 소통 문제도 다른 차원에서 해결 방법을 찾아볼 수 있다고 생각한다. 다만 위의 학년 간 만남이 필요하다는 내용과 결합되면서 이에 대한 학교 구조 차원의 해결 방법을 찾게 되었다. 그리고 그 해결 방법으로 두레가 탄생하게 된 것이라 추측할 수밖에 없다. 즉 소담초 모든 구성원이 두레의 필요성을 언급하고 학년 간 모임 형태의 구조를 만들자는 합의를 한 것은 아니었다.

두레는 다수의 필요에 따른 합의과정을 통해 만들어진 것은 아니다. 즉 '민주적 절차'에 의해서 만들어진 구조는 아닌 것이다. 이 점은 명확히 인지해야 한다. 다수의 합의를 통해 만들어지지 않은 구조에서 구성원들의 순수한 자발성을 기대하는 것은 어렵다. 과거 학교 사회에서는 특정인의 경영 의지에 따라 학교교육과정이 정해지고, 이것이 각 교사들에게 하달되어 그에 맞는 교육을 해야 했었다. 그런 사례가 이미 과거가 되어 버린 곳도 있지만, 현재진행형인 학교도 다수다.

소담초에서의 두레 시스템은, 이미 과거처럼 여겼던 운영 형태를 공식적으로 적용한 첫 사례가 아닌가 생각해 본다.

'민주적 절차'에 대한 고민

현대사회에서 민주주의는 승리한 국가 운영 시스템이다. 우리가 소속한 집단의 수장이 모든 걸 해결해 줄 것이라는 생각을 갖고 살아가는 사람들도 다수 있지만, 표면적으로는 다수의 시민이 주인인 사회 시스템인 민주주의 속에 살고 있다. 현대사회에 맞는 시민으로 살아가기 위해서는 필연적으로 '민주주의'란 무엇인지 고민해야 한다. 그리고 혁신학교인 소담초에 속한 구성원은 '학교 민주주의'란 무엇인지 더욱 고민해야 하는 위치에 있다. 혁신학교의 지향점 중에 '민주적인 학교문화'가 있기 때문이다.

이 글에서 '민주주의'를 논하는 것은 어렵다. 그 의미가 추상적이고 광범위하여 명확한 의미가 무엇인지 구체적으로 논하고 이 글에서 어떤 의미로 사용할지를 정해야 한다. 하지만 그런 서술 방향은 기존 주제에서 많이 벗어나고 내가 감당할 수 있는 수준을 넘어선다. 그래서 '민주주의'를 실현하기 위한 다양한 조건들 중, '민주적 절차'에 한정지어 논하고자 한다. 두레의 시작에서 부족한 것이 구성원들의 합의과정이었고, 그것이 '민주주의'를 실현하기 위한 조건 중 '민주적 절차'가 부족한 것이라 생각하기 때문이다.

그렇다면 '민주적 절차'가 '민주주의' 사회의 의사결정 및 시스템 구성에 긍정적인 결과를 보장하는가? 2017학년도 소담초등학교는 큰 갈등을 겪은 바가 있다. 두 가지 의견이 첨예하게 대립된 갈등 상황에서 학교 구성원들은 어려움을 겪고 있었다. 그러한 갈등 중에, 교사회에 명시된 '민주적 절차'를 지키자는 주장을 바탕으로 한 새로운 갈등 해결 방식이 제안되었고, 결국 그 갈등은 매듭지어졌다. 그렇게 얻은 결과가 반드시 긍정적일까? 만약 '민주적 절차'를 거쳐 반대편 의견이 받아들여지게 되었다면 그 결과는 긍정적일까? 우리는 단지 '민주적 절차'를 지켰을 때 일어날 일을 예상할 뿐이다. 그리고 절차를 거쳐 결정된 사항이 적용된 이후에 그 예상과 맞는지 비교하고 평가하게 된다. '민주적 절차'는 절차적 문제라서 그 자체가 의사결정 및 시스템 구성에 긍정적인 결과를 보장한다고 보기는 어렵다. '민주적 절차'를 지킨다는 것은 '민주주의'의 다양한 요소 중 하나를 실현하는 의미로 볼 수 있다.

이 지점에서 다음과 같은 생각이 든다. '민주적 절차'가 집단의 의사결정 및 시스템 구성에 긍정적인 결과를 보장하지 못한다면, 구성원들은 이 '민주적 절차'를 어떻게 활용해야 하는가? 우리 사회 구성원의 존재 가치는 '민주주의'를 실현하기 위한 것인가? '민주주의'를 실현하기 위해 다양한 장치가 필요한데, 그것들은 '민주적 절차'로 도입이 가능한가? 반대로, '민주주의'를 실현하기 위한 다양한 장치를 적극 도입하기 위해 '민주적 절차'가 외면될 수 있는가? 모든 사안에 대하여 '민주적 절차'를 거치자고 하면 어떤 결과가 벌어질 것인가? '민주적 절차'를 강조하면서 개인 편의주의가 스며들면 우리는 이를 어떻게 보아야 할 것인가? 혁신학교의 지향점인 '민주적인 학교문화'를 만들기 위해서 '민주적 절차'는 어떤 방식으로 작동해야 하는가? 결국 이 부분도 구성원의 합의라는 '민주적 절차'를 거쳐야 하는가? 아니면 누군가의 혜안을 나머지가 받아들여야 하는가? 두레의 시작을 거슬러 올라가면서 '민주적 절차'에 대한 고민만 깊어졌다.

성공 경험, 가치, 의미 그리고 다른 무엇

우린 종종 자발적이지 않고 타의에 의해 주어진 일도, 하고 난 후에 성공적인 경험을 하면 그 일에 대해서 다시 생각해 보게 된다. 이는 학급에서 아이들을 가르치는 선생님들도 경험하는 것 중 하나다. 예를 들어, 반 전체가 참여하는 합창이 아이들이 자발적으로 제안한 것이 아니고 선생님의 전문적인 판단하에 진행되는 경우가 있다. 합창을 통해 아이들이 음악적인 소양과 타인과의 협력하는 마음을 기를 수 있다는 이유로 선생님이 판단하여 교육활동으로 투입할 수 있다. 그 과정에서 합창을 싫어하거나 무대에 오르는 것이 싫은 아이들은 상당한 어려움을 겪는다. 이는 학생을 지도하는 선생님도 마찬가지다. 이 글을 읽는 독자가 선생님이라면, 합창을 지도하는 과정이 학생과 선생님의 밀고 당기는 고난의 과정임이 눈에 선하게 그려질 것이다. 그러나 그 반이 무대에 올라서 성공적인 합창을 보여 주고 관객들로부터 무수한 박수와 영광을 얻게 된다면? 심지어 그 무대는 합창대회였고 상까지 받게 된다면? 합창을 싫어했던 학생들은 어떤 생각이 들까? 비록 처음에는 왜 하는지도 모르고 마냥 싫기만 했던 학생들이 그런 성공적인 계기를 바탕으로 합창에 대한 생각이 긍정적으로 바뀌게 되지 않을까? 비록 '민주적 절차'를 지키지 않았지만, 학생들은 변화를 경험할 수 있다. 한 사회의 의사결정 및 시스템 구성에 대하여 구성원들이 내리는 평가 근거는 '민주적 절차의 타당성'만 있는 것이 아니다.

위 사례를 조금 다르게 보면 어떨까? 합창이라는 과제 자체에 의미와 가치를 담은 교사 및 학생은 비록 결과가 성공적이지 않아도 우리가 같이 시도했다는 것 자체가 기쁠 수 있다. 성공 경험만이 긍정적 영향을 주는 것은 아니다. 성공하지 못하더라도 나름대로 가치와 의미를 발견할 수 있는 과정이면 자신에게 주어진 과제에 대해 긍정적 평가를 내릴 수 있다.

소담초의 두레도 마찬가지로 바라볼 수 있다. 교실 속 교육활동과 학교 운영 시스템을 온전히 치환할 수는 없다. 다만 구성원들이 두레를 바라보고 평가하는 방식은 앞선 사례의 학생들이 합창을 평가하는 방식과 비슷하게 작동할 것이라 생각한다. 두레 도입 과정에서 '민주적 절차'가 부족한 면이 있지만 두레 활동을 통해 구성원들이 성공 경험, 가치, 의미 그리고 다른 무엇인가를 가져갈 수 있다면 두레에 대한 평가는 달라질 수 있을 것이다.

2보 전진을 위한 1보 후퇴

두레의 시작을 말하다 보니 두레가 가진 한계인 '민주적 절차'에 대하여 길게 논하게 되었다. 누군가는 이 '민주적 절차' 자체를 '민주주의'를 실현하는 중요한 가치로 생각하고 두레의 존재 이유에 대한 치명적인 허점으로 바라보기도 한다. 충분히 존중할 수 있는 의견이지만, 절차적 정당성만으로 두레의 존치 여부를 논하는 것은 지나치지 않을까? 실존적으로 두레가 어떤 역할을 할 수 있는지, 어떤 가치를 실현할 수 있는지, 왜 필요한지 같은 고민이 따라야 하지 않을까? 그런 고민에도 다수의 구성원들이 두레가 불필요하다고 여긴다면 '민주적 절차'를 통해 두레에 대한 재평가를 내릴 수 있다고 본다. 여기에 대해서 나는 열려 있다. 구성원들의 건강하고 성숙한 도론과 합의과정만 거친다면, 두레에 대해서 다시 생각해 볼 수 있는 기회는 충분히 만들 수 있고 또 그래야 한다고 본다. 다만, 올해 두레를 운영한 입장에서 당장 이 구조를 없애자는 입장은 분명히 아니다. 이제 막 초행길을 가는 두레 시스템이다. 두레의 시작에서 부족한 점과 이번 2018학년도 운영의 시행착오를 인정하고, 이를 바탕으로 두레 시스템이 개선되어 나름의 가치와 의미를 가지길 희망한다. 2019년에는 두레 운영이 개선되어 많은 선생님들이 인정하는 학교 운영 시스템으로 자리 잡기를 희망한다. 하지만 그렇지 않을 경우, 우리는 이 두레 시스템에 대해서 진지하게 고민해 볼 수 있을 것이다.

결국에는 두레를 운영하는 사람들이 이 지점에 대해서 많은 고민을 해야 할 것이다. '학년 간 소통', '모든 구성원의 의사결정 과정 참여', '지원팀과 학년 간의 소통' 등과 같은 두레가 가진 일반가치와(그 외에 두레 창안 과정에 내가 알지 못하는 가치들이 있을 것이다), 개별 두레에서 실천하게 될 내용과 연계된 특수가치를 실현하기 위해서는 책임지는 위치에 있는 운영자가 기민하게 움직여야 할 것이다. 교사의 의지가 반영된 교육활동에 대해서 교사가 책임감을 가지고 운영하는 것처럼, 운영자의 의지가 반영된 사회 시스템이라면 운영자가 깊이 고민해 봐야 하지 않을까? 시스템을 던져 놓고 그 속에 있는 구성원에게 알아서 하길 바라는 방식의 운영은 이상적일 뿐 현실적이지 못하다고 생각한다. 나도 2018학년도에 평가 두레를 운영한 입장에서 책임감을 느끼고, 이와 관련하여 두레 개선점에 대하여는 후반부에 언급하고자 한다.

그래서 두레 운영을 어떻게?

앞선 내용은 1년을 지나고 나서 쓴 글이다. 두레를 시작할 때의 나는 지금과 같은 고민과 생각 없이 어리둥절한 느낌이었다. 광야에 던져진 나는 어찌할 바를 몰랐고 매우 불안했다. 다른 두레 운영 선생님들은 어떤 심정이었는지 모르겠지만, 초조했던 나는 일단 공부모임으로 초점을 잡았다. 평가를 주제로 한 두레라, 요즘 화두가 되고 있는 과정중심평가에 대해서 공부하기로 했고 책도 나름대로 선정했다.

사실 불안한 마음을 빨리 달래고 안정을 얻기 위해서 다급하게 결정한 것이었다. 업무량이 몰아치는 업무지원팀의 특성상, 그리고 당시에는 두레가 그렇게 큰 가치가 있다고 느끼지 않다 보니 두레에 대해서 고민을 줄이고 싶었던 것이 솔직한 마음이었다. 또한 평가 업무를 해 보지 못한 자의 미숙함도 반영되었다. '업무적으로 다루어야 할 것들이 많은 평가라는 영역에서 한가하게 공부라니…' 누군가는 나의 두레 운영 방향을 듣고 이런 생각을 했을지도 모른다. 담임교사로서 평가를 진행한 것과 업무 담당자로서 평가를 바라보는 것의 차이를 모르던 나로서는 업무적인 것으로 두레 운영에 어려움을 겪게 될 줄 상상도 하지 못했다. 한마디로 순진했던 것이다.

순진했던 나는 두레 운영 방향을 공부로 잡았고, 선생님들을 모집할 때도 '저희 평가 두레에서는 과정중심평가에 대해 공부를 할 것입니다'라고 선언하듯이 말해 버렸다. 나의 의도는 '공부하실 분들만 오세요! 꼭!'이었다. 그래도 공부하는 모임에 대해서는 자신감이 있어서 당차게 말한 기억이 난다. 후에 들은 말이, 평가 두레는 부담스러워서 오길 꺼려 했다고 한다. 의도한 것이어서 기분이 나쁘거나 불쾌하지는 않았다. 다만 여전히 아쉽게 여기는 것은, 평가에 대해서 공부하려고 두레원이 형성된 것이 아니라 학년별 1인 1두레라는 원칙으로 인해 억지로 두레원이 구성된 상황이다. 평가에 대한 관심이 있는 선생님들끼리 모여서 공부하는 것도 쉬운 것이 아닌데, 구조적인 이유로 인해 강제로 참여하게 된 선생님들과 어떻게 두레를 운영해야 할 것인가?

'자발성'에 대한 고민

또 고민에 빠졌다. 이번엔 '자발성'이다. 아래로부터 원해서 만들어진 두레가 아니기 때문에 '자발성'을 기대하기 어려운 것은 어쩔 수 없는 부분이다. 그렇다면 동학년 연구인 교실마실은 자발적으로 참여하는가? (교실마실은 학교가 만들어질 당시에 선생님들의 합의로 만들어진, '민주적 절차'를 거쳐 도입된 학교 시스템이다. 다만 그 후에 전입하여 들어온 선생님들에게는 주어진 시스템이다. 2018학년도에 전입한 선생님들은 두레나 교실마실이나 주어진 시스템인 것은 다르지 않다.) 소담초 선생님들이 교실마실 참석률과 활동 내용에 대해서 양적, 질적 분석을 하지 않는 한 확실하게 말할 수는 없을 것이다. 다만 두레와 교실마실의 구조적 차이에서 비롯되는 자발성의 차이는 예상해 볼 수 있지 않을까?

우선 교실마실은 같은 학년 담임교사 및 해당 학년 전담교사가 모이는 구조다. 이들은 같은 학년 아이들을 지도한다는 강력한 공통점이 있다. 학생을 가르치는 일이 중심 업무인 교사들에게 같은 학년을 지도한다는 사실은 동질감 형성에 큰 영향을 준다. 서로 가르치는 방식은 다를지언정, 가르쳐야 하는 내용은 같은 선생님들끼리 모여서 어떤 이야기를 하게 될까? 결국은 학생과 관련된 이야기가 주가 된다. 따라서 동학년 중심의 교실마실 체계는 참여하는 사람 간의 문제가 없는 이상 자발성이 생기는 구조가 될 수밖에 없다. 가볍게는 아이들에 대한 고민 나눔부터 전문적인 수업 연구까지 다양한 활동을 하면서 공적인 관계를 형성하고, 더 나아가서 사적인 관계까지 형성할 수 있는 구조다. 특히, 학교생활 적응이 어려운 저경력 교사에게 교실마실은 선배 교사들에게 도움을 요청할 수 있는 좋은 창구가 될 수 있다. 당장 어려움을 겪는 학생에 대한 고민부터 다음 주에 해야 하는 수업에 대한 고민까지 털어놓으면, 선배 교사 입장에서도 쉽게 할 수 없는 부담감 때문에 더 연구하고 공부하여 답변해 주는 선순환 구조를 만들 수 있다. 그리고 교실마실이 의도한 학년 전문적학습공동체가 제대로 작동하지 않는다고 하더라도, 동질감을 가진 교사들이 모여서 티타임을 갖는 것 자체가 개인에게는 위로의 시간이 될 수 있다. 즉 교실마실은 그 기능이 제대로 작동을 하는 것과는 무관하게 참여하는 교사에게 나름대로의 유의미한 시간을 보장할 확률이 높은 편이다.

두레는 어떠한가? 일단 두레는 교실마실과 다르게 특정한 주제를 가지고 있다. 2018학년도 기준으로 수업, 평가, 생활, 자치의 네 가지 주제가 있으며, 교사들은 학년별로 최소 1인 이상 각 두레에 참여해야 한다(교육과정 두레는 학년부장만 참여 가능한 것이고, 2학기부터 시작하여 논의에서 제외함). 교사 개인마다 성향이 다르듯이, 두레에서 제시된 주제에 대해서 선호하는 것도 다르다. 원하는 주제에 참여해서 즐겁게 활동할 수 있지만, 그렇지 못하고 강제로 배정된다면 활동에 어려움이 따른다. 일단 활동하는 주제부터 호불호가 갈리는 마당에 모이는 선생님들의 공통분모도 약하다. 교실마실과 상대적인 비교에서 그렇다는 것이다. 교실마실은 동학년이라는 연결고리로 구성원이 묶여 있지만, 두레는 그럴 만한 장치가 없다. 두레 구성원들이 해당 두레 주제에 대해서 관심이 있다면 그나마 사정이 나을 것이다. 수업은 교사들이 매일 해야 하는 필수적인 요소라서 모두가 관심 갖고 참여하지 않았을까 생각해 본다. 평가는 어떨까? 평가도 수업과 연계하여 상시적으로 이루어지는 것이지만, 수업보다는 관심이 적은 것이 현실이다. 실제로 평가 두레에 참여한 선생님들은 평가에 대한 이해도가 서로 다른 것을 확인했다. 수업도 관심은 많을지언정, 참여한 구성원들이 수업을 바라보는 관점이 다르다는 것을 확인했다고 들었다. 주제로 모였지만, 교실마실에 비해서 자발성을 유도하기는 힘든 현실적인 문제가 있었다. 모여서 가볍게 티타임이라도 하고 싶지만, 월 1회 모임을 그렇게 여유롭게 운영하다가는 아무것도 할 수 없다.

두레가 구성원들의 자발성을 유도하기 위해서 가장 이상적인 방법은 구성원들이 만들고 싶은 두레를 자율적으로 만들게 하는 것이다. 두레를 운영하고 싶은 사람이 나서서 주제를 발표하고 사람들을 모집하는 방식, 또 두레를 운영하고 싶은 사람들이 모여서 그 안에서 두레장을 뽑는 방식 등이 있을 수 있다. 학생 자율동아리가 성공적으로 이루어지는 학교의 모습과 비슷할 것이다. 다만, 두레와 동아리는 성격이 다르기 때문에 재미로만 참여할 수 없는 한계가 있을 것이다. 그리고 자율동아리를 운영한다고 하더라도, 모든 학생이 동아리에 참여한다는 원칙은 있다. 자율두레의 방향으로 간다고 하면 모든 구성원들이 두레에 관심을 갖고 참여해야 하는데 그것이 가능할 것인가? '자율'이어서 누군가 참여하지 않겠다고 하면 어떻게 할 것인가? 아니면 이전처럼 1인 1두레 시스템을 유지할 것인가? 결정적으로, 자율두레처럼 운영된다면 일반적인 전문적학습공동체와 어떤 차이점을 가질 것인가? 자율두레에서 업무 성격의 일을 맡을 수 있는가? 자율두레로 운영하는 방향과 기존처럼 운영하는 방향에는 모두 장단이 있을 것이다. 하지만 확실한 것은, 기존 방향대로 두레를 운영한다면 자발성을 끌어내기가 상당히 힘들 것이다. 이를 어떻게 극복할 것인가?

평가 두레

드디어 평가 두레 이야기다. 두레 전반에 대한 개인적인 고민의 시간이 너무 길었던 것 같다. 사실 이 글에서 평가 두레에는 초점을 맞추고 싶지 않았다. 솔직하게 이야기하면, 운영하면서 개인적으로 아쉽고 놓친 부분이 상당히 많았기 때문이다. 아마 이 주제는 평가 두레 운영에 대한 나의 반성문이 될 것이다.

첫 번째로 아쉬운 것은, 초기에 설정했던 공부모임의 성격을 놓친 부분이다. 앞서 말했듯이 평가 두레의 초기 목표는 과정중심평가에 대한 공부였다. 2017학년도 6학년 학생들을 가르치면서 평가와 관련하여 교수평 일체화, 과정중심평가, 대입 학생부종합전형 등에 관심이 많았던 나는, 나름대로 학생의 행동을 상시로 관찰하고 그것을 기록하는 평가 방법에 대해 실천한 경험이 있다. 이때 나는 거의 매일 아이들에 대해서 기록했고, 심지어 기록한 날도 상세히 표시를 했다. 그것이 완벽한 평가 방법이라 할 수 없지만, 의미 있고 타인과 나눌 정도는 된다고 생각을 했다. 그래서 이러한 평가 방법에 대해서 평가 두레에서 공유하고 싶었는데, 두 가지 이유로 막히게 되었다. 하나는 앞에서 언급한 자발성 문제. 내가 제안한 평가 방식은 모든 선생님들에게 일반화할 수 없는 평가 방법이다. 이제는 이 부분에 대해서 인정하는 바이다. 2017학년도의 나는 확실히 실험적이고 열심히 살려고 노력한 부분이 있었고, 그것이 반영된 결과물 중 하나가 평가 방법의 개선이었다. 이것을 모든 선생님에게 하도록 하는 것은 어불성설이었다. 다음으로는 평가와 관련된 현안 등장이었다. 평가 영역은 학교 차원에서 결정할 것들이 상당히 많았다. 학업성적관리위원회의 규정들부터 학교 현실에 맞게 개정해야 했다. 평가 문항지 양식 및 통지 방법 등도 두레 선생님들이 고생하여 어느 정도 일관된 방향이 나오게 되었다. 그리고 성장이력철(3공파일)을 어떻게 활용할 것인지에 대해서 열띤 토론이 있었고, 결국 교육과정 두레에게 성장이력철과 연계하여 소담초의 학력에 대해서 논해 달라는 요구도 했다. 이런 것들을 돌아보면 평가 두레를 공부모임으로 한정하여 생각했던 초기 설정은 나의 판단 미스였다. 그래서 더욱 아쉬운 부분이다. 평가에 대해서 공부를 하고 싶었던 순수한 마음은 사라지고 평가 현안에 대해서만 논의한 것 같다. 두레장으로서 애써 현안에 대해서는 간단히 넘기고 공부에 집중했다면 조금은 달라지지 않았을까 감히 예상해 본다.

두 번째로 아쉬운 것은, 각 두레원들의 평가 장면 공유의 부재다. 앞선 내용과 연결되는 부분이다. 평가에 대해서 연구하는 것은, 이론적인 공부를 포함하여 실제로 평가를 어떻게 했는지 확인하는 것도 있을 것이다. 두레원들은 각 학년에서 참여해서, 각 학년에서 어떻게 평가를 진행했는지 그 장면을 서로 비교하고 연구할 수 있는 기회를 가질 수 있었다. 하지만 이 부분도 평가 현안에 밀리다 보니 제대로 진행하지 못했다. 개인적으로 3, 4학년의 상시평가 운영의 실제와 1, 2학년의 평가 장면은 보고 싶었던 부분이었다. 가르치지 못한 학년에 대한 궁금증이 반영된 관심이다. 해당 학년 선생님들은 별것 없다고 할지 몰라도, 경험해 보지 못한 미지의 세계로 느껴지는 나에게는 꼭 알고 싶고 확인하고 싶은 것이었다.

세 번째로 아쉬운 것은, 두레가 가진 영향력의 한계이다. 평가 두레는 연구모임으로 시작했지만 대부분 현안에 대해서 결정하는 역할을 했다. 학업성적관리규정, 통지표, 평가 문항지 등에 관하여 협의하고 결정했다. 2017학년도 기준이라면 위의 내용은 부장들이 모인 기획회의 단위에서 결정되었어야 하는 것들이다. 그런데 올해는 평가 두레가 실질적인 작업을 하였고, 기획회의에서는 이것들을 확인하고 승인받는 과정으로 흘러갔다. 최종적으로, 평가 두레에서 제안하고 결정한 것들이 뒤집혀지고 번복된 것은 없었다. 하지만 그렇게 하기까지 개인적인 어려움이 많았다. 두레에서 결정한 사안을 학년에서 불복하여 다시 논의하여 되돌아오는 경우가 있었다. 그리고 두레 차원에서 논의 중인 것이 밖으로 드러나는 순간 두레 밖 개인이 그 내용에 대해 평가를 듣는 과정에서 과연 두레가 독립적으로 의사결정을 할 수 있는 단위인지에 대한 회의감이 들었다. 물론 두레가 학교 구성원 전체의 합의 방향과 맞지 않게 단독으로 운영되는 것에 대한 견제 장치는 필요할 것이다. 이는 교실마실에 대해서도 마찬가지다. 그런 견제 장치가 공식적인 과정을 통해 이루어졌는지는 의문이 든다. 이는 기획회의, 교실마실, 두레가 가지는 구조적인 한계점에서 어느 정도 기인하는 바가 있다. 그 부분에 대해서는 뒷부분에 논하고자 한다.

　네 번째로 아쉬운 것은, 두레 운영자로서 두레원들에게서 두레에 대한 자발성과 존중을 끌어내지 못한 부분이다. 상당히 어렵고 도전적인 부분이어서 누군가는 '선생님이 그 정도까지 책임질 필요는 없어요'라고 이야기할 수 있겠지만, 아쉬운 마음이 드는 것은 어쩔 수 없다. 2017학년에 6학년 부장으로서 학년을 이끌어 가는 과정에서는 동학년 선생님들의 자발적 참여와 존중을 나름대로 이끌어 냈다고 자부하는 바이다. 다만 올해 두레를 운영하면서 두레원들에게도 같은 마음으로 대했는지 반성해 본다. 평가에 대한 각기 다른 생각을 가진 두레원들 앞에서 지레짐작으로 겁을 먹고 소극적으로 두레를 운영했다는 생각이 들기도 한다. 참여한 두레원들을 끈질기게 설득하고 같이 이야기해 가면서 두레가 가진 의미를 받아들이고 우리가 하는 활동에 대해서 존중할 수 있도록 했으면 어땠나 싶다. 하지만 두레를 운영할 당시에 나는 두레에 대해서 의심을 품고 열심히 하려는 마음이 부족한 상황이었다. 지금 와서야 후회하는 지점이지, 그때의 나는 두레원들에게 적극적으로 나서서 설득할 의지가 부족했다. 교실마실에 대해서는 인정했지만 두레는 인정하지 않았기 때문이다. 특히 1학기 마무리할 즈음에 두레와 관련해서 업무팀 내부적으로 격렬한 토의과정이 있었다. 당장 2학기에라도 두레 운영 시스템을 개선해야 한다는 두레장들의 외침이 딱히 반영된 것이 없었다. 여전히 두레장이 알아서 운영하는 방식으로 진행된 것이다. 그래도 2학기를 허송세월할 수 없어서 나름대로 월별 계획도 세우고 공유했지만, 사실상 두레장이 두레를 운영할 힘이 빠진 상태에서 두레원들에게 무언가를 바랄 수는 없는 현실이었다.

2019년에는?

평가 두레를 운영해 보면서 아쉬운 점을 정리해 보았다. 그렇다면 이젠 어떻게 할 것인가? 두레에 대해서 불평만 한다고 될 일이 아니다. 적극적으로 개선점을 찾아서 고쳐 나가야 하며 그것이 진보라 믿고 있다. 두레라는 시스템에 순응하여 따르기만 하는 것은 오히려 진보에 역행하는 것이다. 그렇다고 아무것도 하지 말자고 하는 것도 현실에 안주하려는 태도이기 때문에 그 부분에도 동의하지 않는다. 문제가 있다면 개선점을 수집하고 어떻게 적용할지 고민하는 것이 중요하다. 상처가 난 부분을 아프고 무섭다고 외면하기만 하면 덧나기만 한다. 어떻게 치료할지 고민하고 적극적으로 나서야 그 상처가 잘 아물 것이다. 그러면 지금부터 나의 입장에서 2018학년노 누레 운영의 상처를 어떻게 봉합할 수 있을지에 대해서 이야기해 보려 한다.

우선 소담에서 이루어지는 대표적인 협의체인 두레, 교실마실, 기획회의의 위계 설정부터 다시 해야 할 것이다. 교사들 중에서 기획회의 참여 대상은 6인의 학년부장 및 5인의 업무지원팀 부장이다. 학교에서 역할을 맡은 부장들이 중심이 되는 회의의 필요성은 학교 구성원이라면 납득할 것이다. 다만 이 기획회의와 교육과정 두레의 구성원 문제로 각 협의체 간의 위계 문제가 발생한다. 다른 두레와는 다르게, 교육과정 두레는 교실마실의 대표인 학년부장이 두레원으로 참여해야 한다는 조건이고, 교육과정지원부장이 두레장인 구조다. 이 구성원의 대부분은 기획회의와 같이한다. 우선 기획회의와 교육과정 두레의 구성원이 대다수 일치하는 문제가 있다. 그리고 교실마실의 대표들이 한 두레에 모이고 그들의 대표인 교육과정 두레장이 있는, 이중 대표의 구조적인 문제도 포함하고 있다. 실제로 이런 구조로 인해서 문제가 발생한 사례가 올해는 나타나지 않았지만, 보다 완벽한 구조를 만들기 위해서는 개선해야 할 부분이 분명하다. 구체적인 개선점은 교육과정 두레의 구성을 학년부장으로 제한하지 않는 것이다. 올해 운영된 다섯 두레 중에서 유일하게 자격 제한이 있는 두레였다. 월 1회 모임으로 운영되어 기획회의보다 적게 모이는 현실이라면, 학년부장과 교육과정지원부장의 모임이 별도로 필요할까? 관련한 내용은 기획회의를 통해 충분히 진행할 수 있지 않을까 싶다. 실제로도 그러했다고 판단한다. 따라서 교육과정 두레는 학년부장의 모임이 아니라, 그 나름대로의 정체성을 별도로 설정하는 것이 어떨까? 그렇다면 각 두레들은 서로 비슷한 위상을 가질 것이다. 그리하여 두레에서 논의된 것이 기획회의로 넘어갔을 때, 교육과정 두레원이 대다수인 구성원들에게 판단되지 않을 것이다.

앞선 내용과 연계하여, 두레장들의 위계를 동등하게 설정하는 것도 중요하다. 애석하게도, 두레장들이 맡은 업무의 특성으로 인해 어쩔 수 없이 두레장들 사이에서 위계가 발생한다. 학년부장 사이에서는 그런 일이 생길 이유가 전혀 없어 보이지만, 업무팀 부장과 겸하고 있는 두레장은 이 문제가 반드시 생기게 된다. 이 부분에 대해서는 나도 해답을 찾지 못했다. 어쩔 수 없이 교육과정이 중심인 학교에서는 그 부장에 더 힘이 실리게 되고, 두레의 영향력도 마찬가지로 커질 것이다. 이것은 각 자리를 맡은 사람들이 자신에게 의사결정 권한이 몰리게 되는 것을 스스로 견제하고 조심해야만 가능해 보인다. 그렇다고 교육과정업무를 5인이 나눠서 할 수는 없지 않은가. 누군가가 이것을 구조적으로 해결할 방법이 있다면 제시해 주면 좋겠다.

다음으로, 두레에 실질적인 힘을 실어 주고자 한다면 만나는 시간부터 많아야 한다. 이는 교육과정 평가회에서도 많은 교사들이 언급한 내용이다. 두레와 비교되는 교실마실은 목요일 주 1회 정기적으로 만난다. 두레보다 더 영향력이 클 수밖에 없는 구조다. 두레가 더 의미를 가지기 위해서는 두레가 활동하는 시간이 많아야 하며, 최소 월 2회의 모임을 통해서 교사들이 관련된 주제에 대해 심도 깊은 이야기를 나눌 수 있도록 해야 할 것이다. 티타임이라도 가질 수 있는 여유로운 시간을 제공해야 한다는 것이다. 물론 누군가는 두레에 가지 않는 것이 여유라고 생각할 수 있겠다.

　또한 두레원의 책임감 부여를 위해 참여하는 인원수에 대한 고민이 필요하다. 두레를 운영해 본 결과 그 목적이 연구이거나 업무협의거나 공통적으로 인원수가 많으면 어려운 점이 있었다. 밀도 있는 운영을 위해 앞으로는 두레원의 수를 제한할 필요가 있다. 업무의 경우, 학년에서 2명이 올 경우 그 책임이 분산될 가능성이 있다. 따라서 두레가 실질적으로 운영되려면 두레원 참여에 책임을 부여하고 학년에서 1명만 참여하도록 하는 것이다. 그렇다면 나머지 사람들은 무엇을 할 수 있을까? 내년 업무팀에서 협의한 바로는 신규 교사 전학공을 운영한다고 했다. 그 방향도 나쁘진 않지만, 차차 학급 수가 늘어 가는 방향에 맞춰서 자율두레에 대해서 개방하는 것도 긍정적으로 고민해 볼 필요가 있다. 이에 대한 근거는 자발성임을 앞에서 밝힌 바가 있다. 물론 자율두레를 열어 놓으면 기존 두레가 위협받게 되는 상황이 올 수 있다. 자율두레가 개인이 하고 싶은 바를 연구할 수 있을 가능성이 크고, 많은 선생님들이 두레를 해야 하는 상황에 자율두레를 더 선호할 것으로 예상되기 때문이다. 그런데 나는 두레라는 시스템 자체가 잘 돌아가기 위해서 고민하고 있다. 그것이 기존 두레인 것이 중요할까?

아니면 자율두레인 것이 중요할까? 두레의 형식을 중요시할지, 두레를 통해 얻으려는 가치를 중요시할지 고민해 보자. 교사 개인의 학년 간 모임과 소통, 연구 그리고 학교 의사결정 과정 참여를 위해서 무엇이 더 적합할 것인가? 만약 기존 두레가 두레를 통해 얻으려는 가치를 더 잘 실현한다면, 그것을 수정 및 보완해야 할 것이고, 그렇지 않다면 자율두레도 고민해 볼 수 있을 것이다.

마지막으로 두레가 하고자 하는 바가 명확해야 한다. 불완전하고 추상적인 것은 보는 이에게 긴장감을 준다. 이것이 예술의 영역에서는 가치가 있을 수 있지만, 우리는 예술로만 살아갈 수 없다. 일을 할 때는, 보다 명확한 윤곽이 나와야 그 안을 채울 엄두가 나는 것이 현실이다. 모든 사람들이 창조적이고 예술적으로 살아갈 수 없다는 것은, 개개인이 모두 다름을 인정하는 현대사회에서 필수적으로 받아들여야 하는 것이 아닐까? 학교의 구성원들도 마찬가지다. 두레를 통해 학교에 자발적으로 참여하고 주체적으로 참여했으면 좋겠지만, 담임교사들은 이미 충분이 자발적이고 주체적으로 살아가고 있다. 그 이유는 학급을 맡았기 때문이다. 학교에 발령을 받은 신규 교사는(특히나 초등학교에서) 기업에 새로 입사한 신규 사원과는 그 느낌이 많이 다르다. 기업의 신규 사원은 당장 회사 일을 주체적으로 맡아서 할 수 없다. 그 기업과 자신이 속한 부서의 기본적인 일을 파악하는 것이 우선이지 자신이 창조적으로 무엇인가를 하기는 어렵다고 한다. 즉 대다수의 기업이나 직장에서는 새로 입사한 사원은 기초 기본부터 열심히 일해야 한다. 그러나 학교는 다르다. 당장 학급을 맡을 능력이 부족하다고 해서 피할 수 없다. 거의 대부분의 신규 교사가 첫해부터 담임교사로서 책임을 진다. 이것은 기업의 신입사원이 처한 현실과 천지 차이이다. 교사가 가져야 할 많은 책임을 신규 시절부터 짊어지게 되는 것이다. 따라서 이런 현실 속 교사들에게 당장 학교 전체에 대해서 돌아보고 참여하도록 하는 것은 어폐가 있다. 그들은 이미 자신이 책임져야 하는 세계인 학급에서 힘들게 고군분투하고 있기 때문이다(물론 경력과 능력이 쌓이면 주변을 돌아볼 여유가 생겨난다. 하지만 소담초는 신규 교사가 대부분인 현실임을 알아야 할 것이다). 과거에 한 교장 선생님께서 하신 말씀이 기억난다. '담임교사는 교실만 보고, 학년부장은 학년만 보고, 교무부장은 학교 선생님들을 보고, 교감은 학교를 보고, 교장은 학교와 그 주변을 바라본다.' 당시의 의도는 자신이 더 넓은 시야를 가졌음을 과시하는 내용이었다. 하지만 나는 이것을 반대로 생각하고 싶다.

'담임교사는 교실을 봐야 한다. 학년부장은 학년을 봐야 하고, 다른 부장들은 자신이 책임지는 일을 봐야 한다. 교감은 학교 전체를 바라봐야 하고, 교장은 학교와 그 주변을 봐야 한다. 또 더 넓게 보는 사람이 더 넓은 마음으로 학교 구성원을 만나야 한다.'

과연 우리는 각자의 위치에 맞는 마음가짐으로 상대를 바라보고 있을까? 교실을 봐야 하는 담임교사의 고충을 생각한다면 두레의 운영 방향이 추상적이어서는 안 되고 적어도 1년 운영 내용 중에서 70%는 확정 짓고 가야 할 것이다. 나머지 30% 정도는 유동적으로 조정하거나 티타임을 가질 수 있는 여유로 남겨 두고.

책임윤리와 신념윤리

두레에 대해서 다소 과격하고 지루한 글을 읽어 주셔서 감사하다는 말씀부터 드린다. 순전히 나를 중심으로 타인과 교류한 경험을 바탕으로 작성된 글이 어떤 가치를 담고 평가를 받을지 기대가 되면서도 두렵기도 하다. 글을 써 내려가면서 객관적인 통계 자료를 조사하고 싶은 마음이 굴뚝같았다. 내가 생각하는 바가 소담초 구성원들에 대해 정확히 판단하는 것인지 두려움 마음에 그랬다. 그럼에도 불구하고 마지막까지 멈추지 않고 글을 써 내려간 이유는 나름대로 두레장으로서 자신감, 열정, 분노, 좌절, 슬픔, 즐거움, 허무함 등의 감정을 느껴 가며 운영한 책임 때문이라고 생각한다.

유시민 작가가 쓴 『국가란 무엇인가』에서, 막스 베버의 정치에 대한 생각을 처음 접했을 때 감동을 받은 기억이 있다. 생각 같으면 그 글 전문을 여기에 옮겨 적으며 강조하고 싶지만, 나름대로 요약하는 것에 만족하면서 그 내용을 인용하고 싶다(이 문단에서 아래 정리되는 내용은 나의 생각이 아니라, 막스 베버의 『직업으로서의 정치』의 내용을 바탕으로 유시민 작가가 쓴 『국가란 무엇인가』의 제9장 가운데 소제목 '정치는 결과로 책임지는 일-베버'의 내용임을 밝혀 둔다). 베버는 좋은 정치인의 자질은 열정, 책임의식, 균형감각이라고 말한다. 이 중 책임의식에 대해서 특별히 강조했는데, 정치인이 가져야 할 윤리는 결과에 책임을 질 수 있는 책임윤리여야 한다는 것이다. 책임윤리의 원칙은 자신의 행동이 낳게 될 '예견할 수 있는 결과'에 대해서 책임을 져야 한다고 본다. 따라서 책임윤리가는 자신의 행동이 예측 가능한 범위에 있는 결과를 초래했을 때 그 책임을 남에게 뒤집어씌울 수 없다고 본다. 이와 반대되는 개념은 신념윤리다. 신념윤리는 자기가 옳다고 믿는 대로 행하고 그 결과를 신에게 맡긴다는 것이다. 따라서 신념윤리가는 순수한 신념에서 한 행위가 나쁜 결과를 가져올 경우 그 책임을 세상에 떠넘긴다. 많은 진보주의가 신념윤리를 기반으로 동기만 중요하게 여기고 그 결과에 대해 책임지려는 의식이 부족하다고 보고 있다.

베버의 이야기는 당시 독일의 정치 현실 속 정치인에 대한 일갈이었다. 그러나 그 내용은 지금 우리가 사는 현실의 사회 모습에 적용해도 이질감이 들지 않는다. 사람이 살아가는 모든 행위가 정치적 행위라면, 베버가 말한 정치인의 윤리는 우리 모두의 윤리로 치환하여 살펴볼 수 있다. 두레가 생겨나고 올 한 해 운영되면서 많은 일을 겪었다. 누군가는 두레라는 시스템에서 긍정적인 피드백을 얻어 갔을 것이고, 누군가는 큰 생각 없이 두레 활동을 했을 것이다. 또 누군가는 두레에서 좌절을 겪기도 했으며, 누군가는 두레의 존재 이유를 모르니 당장 사라져야 한다고 주장하기도 한다. 나는 두레를 운영하는 입장에서 이런 피드백을 수합하여 2학기부터 두레를 전면 개선했으면 하는 바람이 있었다. 책임져야 하는 위치에 있기 때문에 그런 것이다. 지금이라도 우리는 책임의식을 가지고 두레를 개선하려고 노력해야 할 것이다.

과감함과 기민함

두레에 관하여 내가 제안한 것들만 반영되어야 한다고 주장하는 것은 아니다. 나의 의견은 이 글을 통해 전달될 것이다. 다른 누군가의 의견도 2019학년도를 준비하는 선생님들에게 전달될 통로가 있을 것이다. 내년에는 기존의 두레 운영 방식에서 벗어나, 많은 구성원들의 의견이 반영된 개선한 두레를 맞이하고 싶다. 그리고 그 모든 과정들에 참여한 구성원들은 학교에 애정과 책임의식이 있기 때문에 그럴 것이라 믿는다.

혁신적이고 창의적인 변화의 시작에는 과감함이 꼭 필요하다. 많은 사람들이 새로운 생각을 하지만 그것을 현실에 펼치기를 어려워한다. 두려움 때문일 것이다. 나의 생각이 타인에 의해 부정당할 것 같은 두려움. 하지만 그 두려움을 이겨 내고 과감하게 도전하여 혁신적인 변화를 일으키는 것은 분명 의미 있는 일이다. 다만 그 변화는 우리가 살고 있는 현실 세계에서 이루어진다. 현실 세계의 모든 사람들이 그 변화를 긍정하지는 않는다. 변화를 이끌어 가는 사람은 구성원들이 어떻게 반응하는지 기민하게 관찰해야 한다. 또한 그렇게 관찰하여 얻은 피드백은 변화에 반영되어야 한다. 변화를 위해 투쟁하는 것이 아니라 평화롭게 성공하기 위해서는 현실에 기반을 둔 기민함이 필요하지 않을까? 2018학년도의 두레가 과감함으로 시작하고 도전했다면, 2019학년도의 두레는 기민함으로 그 부족함을 채워 가길 바란다.

5장

함께 만들어 가는 축제

-놀담먹담꿈꾸담-

유우석

문제 해결의 시작은 고민이다. 마라톤도 마찬가지였다. 다 함께, 지속가능하며, 교육과정과 연계할 수 있는 것은 무엇이 있을까에 대한 고민이었다. 많은 사람이 경험했겠지만 이런 고민은 서로의 대화에서 나온다. 마라톤 역시 그랬다.

동료 선생님이 아이들을 데리고 마라톤을 할 계획을 세우고 있다는 얘기를 듣자마자 '마라톤!'이라는 생각을 했다. 나중에 알았지만, 그 선생님은 아이들을 데리고 마라톤을 할 계획을 세웠으나 학교에서 마라톤을 하는 바람에 접었다고 한다.

소담초 축제

축제는 사람들이 모이는 장이며 살아 있는 현장이다. 함께하는 사람들에게 서로 동질감을 느끼게 해 준다. 아마 필연적으로 시대와 지역을 떠나 사람이 모인 곳은 어디나 축제가 생겨났을 것이다. 지금은 매우 다양한 형태로 축제가 발전되어 자연환경을 활용한 축제, 문화예술을 비롯한 인문학 축제, 스포츠, 먹을거리, 종교 등 사람들이 관여하는 모든 분야에 해당하는 축제가 있다.

학교도 예외가 아니다. 이제 학교 축제는 축제를 넘어 하나의 의례로 자리를 잡아 가고 있다. 학교에서는 입학식과 졸업식, 방학식과 개학식 등이 중요한 의례의 성격을 지닌다. 입학식을 하는 순간, 학교에 다닐 자격을 얻고, 졸업식은 초등과정을 마친다는 상징적인 의미를 띤다. 물론 방학식과 개학식은 말 그대로 학기의 시작과 종료를 알리는 의식이다.

제 3회 소담교육가족축제

놀담 먹담 꿈꾸담

2018. 10. 18.(목)~19.(금) 🏫 소담초등학교 일원

소담가족교육축제 현수막

축제는 주요한 의례로서 자리를 잡았지만 약간 성격이 다르다. 다른 의례와 마찬가지로 축제 전과 축제 후에 달라지는 점이 명확치 않다. 하지만 그 속에서 느끼는 동질감, 함께함 등은 다른 의례 못지않게 힘이 세다.

여기 소담초에도 '소담교육가족축제'라는 이름으로 축제가 열린다. 매년 10월 말 열리는 소담축제는 올해 3회째를 맞이했다. 만들어 가는 세종시의 특성을 고스란히 담은 소담초등학교는 아직 완성 학급이 아니다. 마지막 학구 내 단지 입주가 다 끝나지 않았기 때문이다. 2016년 5월 1일 개교 당시 1명의 전학생에서부터 지금은 900여 명이 되었다. 그래서인지 축제의 규모도 매년 달라졌다.

소담초의 축제가 열리는 데는 다음과 같은 조건이 필요했다.

첫 번째, 축제는 교육과정의 일환이다. 명료한 명제이긴 하나 실제 교육과정의 연장선이라고 보기에는 부족하다. 현장학습을 교육과정과 연계한다고 하지만 억지로 끼워 맞추는 경우가 왕왕 있듯 축제 또한 그렇다. 아마 아이들에게 축제 하면 떠오르는 아이돌 가수의 댄스, 학원에서 배우는 다양한 기능 등의 모습을 많이 보아 왔기 때문일 것이다.

두 번째, 소담초에는 전교생이 같이 움직이는 행사가 거의 없다. 여름방학 전에 물놀이를 하지만 전교생이 동시에 움직이지 않는다. 재난대피훈련을 제외하면 소담초 축제가 유일하다. 다 함께 움직이는 일 년 단 한 번의 행사이다. 어떻게든 지나치듯 만나더라도 한 번쯤은 학교 구성원의 만남이 필요하다. 함께 만들어 가는 축제의 어울림을 느끼며 그 안에서 소속감을 느낄 때 뿌듯함을 가질 수 있기 때문이다.

세 번째, 소담초의 구성원이 모두 참여할 수 있어야 한다. 물론 참여라는 정의를 좁게 해석하느냐 넓게 해석하느냐에 따라 다르겠지만 모두 축제에 내가 참여하고 있구나 하는 느낌은 최소한 가져야 한다.

이 외에도 축제는 신경 써야 할 부분이 많다. 대부분이 학교가 마찬가지일 것이다. 작년 그대로 하자니 밋밋하고, 완전 새롭게 처음부터 만들려니 부담스럽다. 현실과 이상을 오가며 만들어 가는 것이 축제다. 그 현실에는 지금 학교의 상황, 구성원, 지역사회 등이 포함된다.

앞서 말한 대로 소담초는 개교 3년 차에 와서 비로소 거의 완성 학급이 되었다. 즉 올해의 축제가 앞으로 있을 축제의 기준이 될 가능성이 높다. 최대한 단순화하여 일정이나 장소를 누구나 쉽게 알 수 있어야 한다는 전제 외에도 축제가 끝난 이후 이어지는 아이들의 방과 후, 돌봄, 학원 등의 일정에도 영향을 미치기 때문에 축제가 학교에서 어떤 정체성을 가지는지가 중요하다. 즉 최소한 일정이 예측 가능해야 한다.

애초 개교 해부터 소담교육가족축제라는 이름을 붙인 이유는 소담초를 둘러싼 많은 사람과 함께하기 위함일 것이다. 혹은 학교가 학교 안에서 머물지 않고 학교를 둘러싼 지역과 함께해야겠다는 희망을 담았을 것이다. 이 역시 고려 사항이다.

그 힘 때문인지, 3년 차를 맞이하며 학생회는 학생회대로, 학부모회는 학부모회대로 점점 자리를 잡아 가고 있다. 축제의 시작부터 마지막까지 같이할 수 있는 팀이 갖추어지고 있다. 책임지고 실천하는 팀이 있으니 연속으로 놀라운 경험을 하게 된다. 그 힘은 이러한 축제를 통해 확인할 수 있다.

축제는 연속성을 가진다. 올해의 축제는 작년 축제의 연장선이다. 물론 1년 차의 축제, 2년 차의 축제, 3년 차의 축제는 조금씩 형태를 달리했다. 학생 수라는 막강한 변수가 큰 요인으로 작용했다. 하지만 앞으로 축제는 그리 큰 변화가 생기지 않을 것이다. 자리를 잡는 시간과 향후 4, 5, 6년 차의 경험이 향후의 축제 방식이 정해지는 데 큰 역할을 할 것이다.

축제의 시작

축제의 시작을 어떻게 알릴까? 교사들은 사전 논의를 해서 알지만 학사 일정에 따라 운영이 되는 학교의 특성상 새로울 것은 없다. 하지만 아이들은 다르다. 자연스럽게 축제 시작을 알리는 넛지 효과를 주고 싶었다. 친구, 혹은 엄마가 이렇게 말해 주는 것이다.

"축제 하니?"

"축제 하나 봐."

또 세 번째 맞이하는 축제이니만큼 지향이 있는 축제였으면 좋겠다는 얘기도 있었다. '환경', '진로' 등등의 주제를 뜻하는 것일 테다. 그래서 '신선했으면 좋겠다'라는 의견이다.

그래서 축제 이름을 공모하기로 했다. 공모 대상자는 소담초와 관련된 사람 '누구나'였다. 그리고 심사는 3단계로 진행했다. 제안자를 가린 채 공모한 축제의 이름과 의미만 제공하여 우선 열 개를 선정하고, 학생, 학부모, 교사 대표 협의체인 3주체 연석회의를 통해 최종 세 개를 선정했다. 선정된 세 개를 학생 전체 투표를 통해 최종 선정하는 방식이었다.

최종 투표는 급식실 앞에서 선택한 곳에 스티커를 붙이는 형식이었다. 그리고 최종 선정된 작품은 먹거리 장터 5회 이용권을 주기로 했다.

응모하는 방법은 온라인, 교무실에 비치된 응모함에 넣는 방법 등으로 진행되었다. 이와 같은 방법으로 축제 이름 공모에 최종 응모한 작품 수는 100여 개가 넘었다. 100여 개 중에는 학부모의 의견이 가장 많았다. 다음이 학생, 그리고 몇 명의 교사가 참여했다.

2차 공모가 끝나자, 중복된 이름 하나를 제외하고 아홉 개가 최종 선정되었고, 연석회의를 통해 최종 후보를 선정했다. 이것을 시작으로 축제의 시작을 알렸다.

최종 투표 결과 소담초 축제의 새로운 이름은 '놀담먹담꿈꾸담'으로 정해졌다. 이 이름은 올해 새로 갓 전입한 선생님이 공모한 것이었다. 애초 이 선생님은 '놀담먹담'과 '소담꿈꾸담'이라는 이름 두 개를 공모했고, 공모 과정에서 '놀담먹담꿈꾸담'으로 변경되었다.

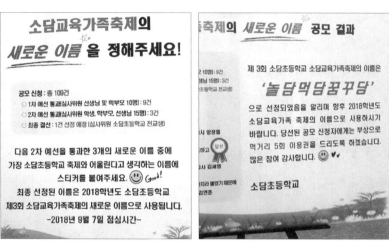

소담초 축제 새로운 이름 공모전과 공모 결과

이야기 하나

축제 이름 공모는 '학교 종이'라는 소담초 공식 앱을 통한 온라인과 공모함에 직접 써서 넣을 수 있도록 하는 오프라인의 두 가지 방식으로 진행되었다. '학교 종이' 앱은 주로 학부모의 의견을 수렴하는 통로였고, 오프라인은 아이들의 의견을 수렴하는 통로로 이용되었다. 공모함을 둔 지 얼마 되지 않았을 때였다. 공모함에 몇 개의 종이가 들어 있었다. 그래서 꺼내 읽어 보았다.

축제 이름 '놀담먹담', 이유: 같이 놀고 먹으며 즐거운 시간을 보내기 때문에

눈이 번쩍 뜨였다. 놀담먹담! 소담이라는 학교 이름과 참 어울리게 이름을 지었다는 생각이 들었다. 이름을 봤더니 '5학년 김세

영'이었다. '김세영? 전학 왔나?' 나는 5학년 아이들의 이름을 거의 다 알고 있었다. 하지만 요 근래에 전학 온 친구들은 알지 못했다.

나는 신청서를 들어 보이며 교무실에 있는 사람들에게 기막힌 이름이 들어왔다고 말했다. 다시 접어 공모함에 두고 다른 종이를 집어 들었다.

축제 이름 '소담꿈꾸담', 이유: 소담에서 꿈꾸는 아이들의 축제

오! 다시 눈이 번쩍 뜨였다. 놀담먹담에 이어 멋진 이름이었다. 이름을 보니 5학년 김세영이었다. 이름이 각인되었다. 심상치 않은 작명 센스다. 옆에 있는 선생님에게 축제 이름을 보여 주었다.

"얘, 센스 있어요. 누군지 궁금하네. 김세영이라는데."

"김세영? 5학년 선생님이에요."

김세영 선생님은 학급 수가 늘어나며, 2학기에 발령 난 신규선생님이었던 것이다.

그 후에 1차 심사 위원이던 선생님이 '놀담먹담'과 '소담꿈꾸담'을 합쳐, '놀담먹담꿈꾸담'으로 축제 이름이 정해졌다. 물론 김세영 선생님이 흔쾌히 동의해 주었다.

벼룩시장	아나바다, 교육과정과 연계(경제)
공연	교육과정과 연계, 표현 기회 확대, 친구들의 새로운 모습 발견 등

| 마라톤 | 땀, 체력, 함께함. 지역, 성취 |
| 부스 | 교육과정과 연계, 다양한 체험, 학급 및 동아리별 기획 운영 등 |

많은 아이들이 함께하려면 최대한 단순화시킬 수 있어야 했다. 여기에서 문제가 되었던 프로그램은 공연이었다. 공연은 축제에서 빠지지 않는 단골 프로그램이었다. 하지만 900명에 가까운 학생이 한 장소에서 진행하기도 마땅치 않고, 1학년에서 6학년까지 발달단계가 다른 아이들이 긴 시간을 함께하는 것도 어려움이 있을 것 같았다. 그래서 공연은 저학년, 중학년 이상으로 나눠 진행하기로 했고, 더불어 벼룩시장도 나눠 진행하여 두 프로그램을 교차 진행 방식으로 운영하기로 했다.

두 번째 날은 마라톤과 체험부스가 있었다. 마라톤은 축제의 마지막을 장식하고 체험부스는 오전에 하는 것으로 처음 이야기가 되었으나 논의 과정에서 마라톤은 오전, 체험부스는 오후에 운영하기로 했다.

이 논의는 한 차례 더 있었다. 학생, 학부모, 교사가 모인 연석회의였다. 쟁점은 공연과 벼룩시장의 분리운영이었다. 많은 얘기가 있었으나 결국 기존대로 진행하기로 했다.

프로그램이 정해진 후 역할 분담이 이루어졌다. 먼저 벼룩시장에서 아이들이 각자 준비하게 안내하는 등의 과정은 담임선생님의 역할이었고, 시간 안내, 학년별 자리 배치 등의 운영은 학부모회에서 담당했다. 벼룩시장의 애초 계획은 운동장과 학교 안쪽과 바깥쪽 뜰을 함께 사용하는 것이었다. 하지만 고학년과 저학년이 분리되는 바람에 운동장에서는 하지 않기로 했다.

벼룩시장은 지금까지 몇 차례 운영을 했기 때문에 아이들이 어떻게 해야 하는지 잘 알고 있었다. 가게 이름과 물건의 가격표 제작뿐만 아니라 흥정을 하기도 하고 물건이 팔리지 않을 때는 손님들을 불러들이기도 했다. 그래서 크게 신경 쓸 일이 없었다.

공연은 학생다모임에서 스태프와 공연의 과정이 순조롭게 진행되도록 하는 역할 등을 담당했고, 경험 많은 선생님이 함께하기로 했다. 공연은 오디션을 거쳐, 리허설, 그리고 무대에 오르는 과정을 하나씩 차근차근 밟아 갔다. 공연 오디션은 언제나 설렌다. 오디션이 펼쳐지는 날이나 오디션 결과가 게시판에 붙는 날에는 확실히 긴장감이 돈다. 예나 지금이나 무대 공연은 축제의 단골손님이다.

마라톤은 시간 운영, 코스, 진행 등에 대해 6학년 선생님이 담당했다. 처음으로 시도하는 프로그램이기도 하고, 학교 밖으로 나가는 것이라 안전 등의 부담도 있었다. 학부모회에서 지원을 해 주기로 했다. 같이 답사를 다녀와서 코스를 정했다. 저학년은 2km, 고학년은 3km를 달리기로 했다. 간단하게 생각하면 달려서 돌아오면 끝이지만 막상 진행하려고 하니 해야 될 것들이 하나둘 보이기 시작했다.

체험부스는 이야기가 진행되면서 전 교실이 체험부스장이 될 수 있겠구나 하는 생각이 들었다. 체험부스 의견을 모으고 학년별, 학급별로 체험부스를 준비했다. 1, 2학년은 놀이 중심으로, 3학년은 연말에 있을 '3학년 영화제'와 연계하여 부스를 준비했다. 4, 5, 6학년은 학생다모임에서 주제를 선정하여 진행했고, 예산 조정 등을 거치는 일들이 진행되었다.

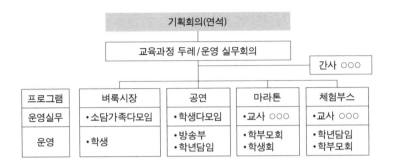

기획회의(연석)				
교육과정 두레/운영 실무회의				간사 ○○○
프로그램	벼룩시장	공연	마라톤	체험부스
운영실무	•소담가족다모임	•학생다모임	•교사 ○○○	•교사 ○○○
운영	•학생	•방송부 •학년담임	•학부모회 •학생회	•학년담임 •학부모회

마라톤 그리고 축제

　문제 해결의 시작은 고민이다. 마라톤도 마찬가지였다. 다 함께, 지속가능하며, 교육과정과 연계할 수 있는 것은 무엇이 있을까에 대한 고민이었다. 많은 사람들이 경험했겠지만 이런 고민은 서로의 대화에서 나온다. 마라톤 역시 그랬다.

　동료 선생님이 아이들을 데리고 마라톤을 할 계획을 세우고 있다는 얘기를 듣자마자 '마라톤!'이라는 생각을 했다. 나중에 알았지만 그 선생님은 아이들을 데리고 마라톤을 할 계획을 세웠으나 학교에서 마라톤을 하는 바람에 접었다고 한다.

　학교에서 약 1km 정도 떨어진 수변공원은 자전거 길이 잘 조성되어 있다. 그리고 평일에는 자전거가 거의 다니지 않는다. 마침 전교생이 모일 수 있는 넓은 공간도 있다.

　그런데 가는 길에 2개의 2차선, 1개의 6차선을 건너야 한다. 2개의 작은 길은 신호등이 없는 길이고 한두 명의 안전도우미가 있다면 해결될 것 같았다. 하지만 큰길은 쉽지 않다. 신호의 길이는 충분했다. 하지만 900명에 가까운 아이들이 지나는 데 문제가 없을까 걱정이 되었다.

또 마라톤은 완주의 기쁨이 있는 스포츠이다. '아이들이 모두 완주할 수 있을까. 다치는 아이가 없어야 한다.' 이러한 시도는 늘 안전에 대한 걱정이 된다. 적당한 마라톤 거리가 필요했다.

이야기 둘

내가 생각하는 마라톤의 백미는 완주가 아니라 달리며 길가에 준비해 놓은 물을 마시는 것이라 생각했다. 텔레비전에 보면 마라토너들이 물을 마시고 종이컵을 멋지게 버리는 것을 볼 수 있다. 그래서 아이들에게 마라토너의 기분을 느껴 보라는 의미에서 처음에 물과 종이컵을 준비하려고 했다.

소담 학년학급 깃발과 마라톤 완주 기념 팔찌 디자인 시안

"요즘 일회용품을 사용을 줄이는 운동을 하고 있는데, 마라톤 거리가 멀지도 않으니 종이컵 사용은 최대한 줄였으면 좋겠어요."

한 번쯤은 물을 먹고 '촤-' 해야 하지 않나 싶지만 포기했다. 맞는 말이기 때문이다.

몇 명의 선생님과 학부모와 함께 답사를 다녀온 후 다시 마라톤을 할 수변공원을 다녀왔다. 자전거를 타고 다니는 사람들이 제법 눈에 띄었다.

"선생님!"

5학년 아이들이었다. 5학년 아이들이 자전거를 타고 수변공원 주변을 돌아다니고 있었다. 한 친구의 생일 파티를 하고 함께 놀고 있는 중이라고 했다.

"여기에서 마라톤 하는 거 알지? 우리 자전거 타고 가 보자."

뒷좌석이 있는 자전거를 빌려서 앞에는 내가 타고 그 아이를 뒤에 앉히고 마라톤 코스를 달렸다. 5분이 채 지나지 않았을 때 반환점까지 왔다.

"이쯤에서 반환점을 하려고 하는데 어떠니?"

"에이. 시시해요. 금방 끝나요."

자전거를 타고 온 후, 거리에 대한 감이 더 떨어졌다.

1, 2학년은 2km, 3~6학년은 3km, 그리고 학급별로 모여 출발하기로 했고, 기록경기가 아니라 완주로서의 의미를 더하기 위해 반환점에서 기념품으로 팔찌 나눠 주기 등의 운영 계획이 구체적으로 만들어

마라톤 안내

졌다.

경찰서와 소방서에 전화를 했다. 1,000명 정도의 사람들이 소담초에서 수변공원으로 이동하여 마라톤을 하려 한다고 했다. 경찰서에는 '횡단보도를 건널 때 안전사고의 위험이 있으니' 협조를, 소방서에는 '혹시 마라톤을 할 때 있을지 모르는 사고를 위해 구급차 출동' 지원을 요청했다. 경찰서에서는 흔쾌히 학교에서 수변공원으로 갈 때와 마라톤을 마치고 수변공원에서 학교로 돌아갈 때 교통안전을 위해 협조해 주기로 했다. 소방서에서는 아침에 안전교육을 지원해 주기로 했다. 고마운 일이다.

경찰서나 소방서와 같은 곳에 지원을 요청하는 것에 부담을 느끼는 경우가 종종 있다. 하지만 한편으로 적극적 지원을 요청하면 손을 내

밀어 줄 수 있는 곳이기도 하다. 물론 이번 경우에는 1,000명의 학생이 움직인다는 것이 가장 큰 요인이었을 것이다.

1,000명이 움직인다는 것을 걱정한 한 선생님은 학급별 깃발을 제안했다. 혹시나 있을 혼란을 피하기 위해 색깔을 달리한 깃발이 있다면 좋지 않을까 제안을 했다. 그래서 학년과 학급을 나타낼 수 있는 깃발을 만들고, 인쇄 업체에 부탁해 아예 학년과 학급을 구분할 수 있는 깃발을 맞추었다. 마라톤 모습이 갖추어져 가고 있었다.

1,000명의 아이들이 깃발을 들고 학교를 교문을 나오고 선생님, 부모님, 경찰서의 도움을 받아 큰길을 건너서 수변공원으로 가는 것이다. 장엄한 광경이기도 하고, 학교라는 곳을 벗어나 전교생이 거리를 나오는 색다른 경험을 하는 것이다.

"프로그램은 재밌고, 아이들은 즐거워하고 교사는 편해요."

축제 일정표

2018년 10월 18일 1일 차 1~2학년

시간	활동	장소	참고사항
09:00~09:30	준비	각 교실	•벼룩시장
09:30~11:00	벼룩시장 운영	운동장	-학급별 3~4명으로 모둠으로 운영하여 학급당 6개팀 내외
11:00~11:30	정리	각 교실	-판매 금액은 3,000원 이하
11:30~12:40	점심시간 공연 준비	급식실 강당	-학생만 참여하되, 학부모회에서 먹거리 운영 -운영에 필요한 물품, 돗자리 개인 준비
12:40~14:20	공연	강당	•공연 -1~3학년은 오후 시간에 공연함(시간 확인)
14:20~15:00	정리 및 체험부스 준비	각 교실	-세부 순서 계획은 16일(화) 안내

2018년 10월 18일 1일 차 3~6학년

시간	활동	장소	참고사항
09:00~09:30	학생 파악 준비	각 교실	• 벼룩시장 - 학급별 3~4명으로 모둠으로 운영하여 학급당 6개팀 내외 - 판매 금액은 3,000원 이하 - 학생만 참여하되, 학부모회에서 먹거리 운영 - 운영에 필요한 물품, 돗자리 개인 준비 • 공연 - 4~6학년은 오전 시간에 공연함(시간 확인) - 세부 순서 계획은 16일(화) 안내
09:40~11:40	공연	강당	
11:40~12:10	공연 정리	강당	
12:10~13:10	점심시간	급식실	
13:10~14:40	벼룩시장	운동장	
14:40~15:30	정리 및 체험부스 준비	각 교실	

2018년 10월 18일 2일 차

시간	활동	장소	참고사항
09:00~09:30	학생 파악 수변공원 이동	각 교실 수변공원	• 마라톤 - 수변공원 이동 시 학부모회에서 교통안 전요원 지원 - 경찰서에 협조 요청 - 1~2학년 2km, 3~6학년 3km 코스 ※완주함을 목표로 하며 반환점에서 기 념품 증정 - 안전요원으로 학부모회, 학생회, 교사 배치 • 체험부스 - 학급별로 1개 체험부스 운영 ※운영팀과 체험팀을 나눠 순환 운영 - 각 교실이 체험부스장이 됨 - 학부모회, 환경동아리 체험부스 운영
09:40~10:00	준비운동 안전교육	수변공원	
10:00~11:30	마라톤	수변공원	
11:30~13:00	점심시간 부스 운영 준비	각 지정 장소	
13:00~15:10	부스 운영	각 지정 장소	
15:10~15:30	정리 환경정화활동	소담초 일원	

축제가 끝나고 올해 우리 학교로 전입한 선생님이 던진 말이다. 아마 업무 담당자에게 업무의 끝남을 좋은 말로 축하해 주는 말일 것이다. 실제 평상시 수업에서 하던 내용을 가지고 교실을 체험부스로 만들고 그 활동을 반 아이들이 다른 반, 다른 학년 아이들에게 안내해

주는 것이었다.

다른 평가도 있다. 2일째 점심을 먹는데 아이들이 한꺼번에 몰렸다. 줄이 급식실 앞에서부터 2층으로 이어져 있기도 했다. 벼룩시장을 여러 번 하는 바람에 더 이상 팔 물건이 없다는 아이들도 있었다고 한다. 공연은 여전히 쇼 프로그램의 아이돌 공연, 학원에서 배운 것을 무대로 올려 아쉬웠다는 이야기도 있었다.

축제가 끝난 후, 마라톤을 하려고 만든 배 번호를 전시했다. 배 번호는 사용한 현수막을 깨끗하게 빨아 학부모회에서 A4 용지 크기로 잘라 아이들에게 나눠 주었다. 아이들은 그것으로 미술 시간에 배 번호를 만들어 가슴에 달고 마라톤을 했다. 그 배 번호를 모아 학교 게시판에 전시했다. 그리고 또 한 선생님은 축제 영상을 만들어 공유하였고(유튜브에서 '소담초' 검색을 하면 다양한 영상이 나온다), 학급에는 다양한 방법으로 축제에 대한 평가를 진행했다.

여기까지가 학교에서 일어난 축제의 과정이다. 무난한 과정이라 생각한다. 학예회 중심이나 반별 공연 식으로 진행되는 축제에 비하며 색다른 축제라고 생각할 수 있다고 생각한다.

마라톤 배 번호와 소감

학교 축제를 만드는 과정

- 학교 축제 안내(축제명 공모 등을 게시판으로 안내)
- 교사, 학생자치회, 학부모자치회의 안건으로 다루고 의견 수렴(방향, 프로그램 등)
- 교사, 학생자치회, 학부모자치회 연석회의에서 수렴된 의견을 공유하고 축제를 기획
※학생자치회가 참여할 수 있는 프로그램을 제안하고 일정한 역할 담당, 학부모자치회는 자체 프로그램 제안 및 학생자치회 활동 지원, 교사는 프로그램 활동 지원 및 행정지원(예산, 장소, 시간 확보)
- 역할 배정을 통해 학교 축제 구체화하는 과정
※예: 체험부스의 경우에 학년(급)별 주제 선정을 통한 각 체험부스의 운영 방법, 필요한 재료 지원, 홍보 등을 결정
- 학교 축제 세부 안내 운영
※시간 및 장소에 따른 일정, 프로그램 안내, 역할 확인 등
- 학교 축제 평가회 실시
※자치회별 평가회, 연석회의(학생, 학부모, 교사) 등을 통해 평가회

다시 축제를 생각한다

학교를 사회의 축소판이라고 한다. 그렇다고 사회를 그대로 가져다 놓은 곳은 아니다. 상대적으로 사회보다 변인이 훨씬 적다. '얼마나 다양한 아이들, 학부모들이 있는데'라고 생각할지 모르겠다. 그럼에도 변

인은 훨씬 적다. 그래서 예측 가능하다. 예측 가능하여 미리 예방하거나 그러한 아예 여지를 두지 않기도 한다. 그래서 안전하다.

이 얘기는 긍정적으로 들릴지 모르나 교사의 시선으로 봐서 그렇다 전제해야 그렇다는 것이다. 변인을 어떻게 바라볼 것인가. 혹은 변인에 대한 통제는 어떻게 누가 할 것인가. 이는 앞으로 축제의 방향을 잡는 중요한 잣대가 될 것이라 생각한다. 우리 학교 축제의 형식은 '단순 학예회', '체육대회' 정도로 끝나지 않을 가능성이 크기 때문이다.

그래서 앞서 소개하지 않은 몇 가지를 얘기해 보고 싶다.

● 우리 학교에 환경 자율동아리가 있다. 축제 때에는 금강에 물고기 방류 프로그램도 진행했다. 그뿐만 아니라 1년 동안 정말 다양한 체험 활동을 많이 했다. 옆에서 봐도 환경동아리에 활동에 대한 자부심을 느낄 수 있다.

그리고 학부모가 있다. 학부모회는 지난 여름방학 전에 '환경 보호'를 주제로 한 전시 체험 프로그램을 열었다. 교사는 예산 지원에 따른 행정을 조금 했을 뿐이다.

이 '두 모임'이 축제 때 합쳤다. 어떠한 과정이 있었는지는 정확히 모르나 같은 주제로 활동을 했으니 자연스레 같이하자는 말이 오갈 수 있었을 것이다. 처음 소개와 연결은 교사가 했지만 주요 프로그램 준비, 운영은 환경동아리 학생과 학부모회에서 했을 것이다. 다양한 변수는 '두 모임'이 운영하는 과정 중에서 그때마다 해결했을 가능성이 높다. 왜 이런 '두 모임'이 함께할 수 있었고, 앞으로 어떤 가능성(변인)을 남겼나.

● 학생자치회에서 마라톤, 공연, 체험부스, 벼룩시장 등 관여하지 않은 곳이 없다. 물론 완전 주체적으로 기획 운영하지 않더라도 구석구석 참여를 했다. 특히 체험부스의 주제를 선정하는 과정에서는 여러 협의과정이 있었지만 학생자치회의 결정에 무게가 있었다. 체험프로그램 중간에 변경된 반도 있으나 최대한 존중했다.

학생자치회는 왜 이런 결정을 할 수 있었고, 앞으로 어떤 가능성을 남겼나.

● 프로그램의 큰 틀을 잡는 시간이었다. 학부모, 교사가 모인 자리였다. 당시 학생은 시간상 참석을 하지 못한 것으로 기억한다. 암튼 쟁점은 공연 프로그램이었다. '같은 공간에서 함께하자'라는 의견도 있었고, '발달단계를 고려한다면 분리하여 하자'라는 의견도 있었다. 두 의견의 차이는 1~2학년 공연과 3~6학년 공연을 따로 할 것인가 같이 할 것인가여서 확연한 결과의 차이를 가져오는 것이었다.

- 함께하자: 축제의 의미, 함께하면 프로그램 수가 줄어들고 오디션을 통과한 프로그램만 보면 된다. 오디션 과정에서 학년 공연은 학년에서 볼 수 있게 하면 아이들이 무대 경험도 하고, 학년 반 아이의 공연도 볼 수 있다.
- 따로 하자: 이제 강당의 한계 상 전교생을 수용하기는 어렵다. 1~6학년 공연을 한꺼번에 하는 것은 발달 단계가 다른 아이들이 힘들다.

여러 얘기들이 있었고 결론은 따로 하기로 했다. 다수의 교사가 선택했다.

이런 논의가 가능했던 것은 무엇이며 앞으로 어떤 가능성을 남겼나.

● 공연이 분리되면서 벼룩시장도 분리되었다. 즉 1, 2학년이 공연할 때 3~6학년이 벼룩시장을 했다. 교차로 진행된 것이다. 그리고 벼룩시장의 장소가 운동장에서 보도블록이 깔려 있는 곳으로 한정되었다.

"아이들이 나오면 자리를 안내해 주세요."

학부모회에 가서 아이들이 나오면 자리 배치에 대해 지원 요청했다.

아이들이 우르르 나왔을 때 학부모회에서는 아주 능숙하게 반별로 자리를 안내해 주었다.

또 마라톤을 하는데 지원 요청을 했다. 마라톤 코스의 안전요원인 셈이다. 약 60여 명 이상의 학부모들이 참여를 신청했고 무사히 마라톤을 마칠 수 있었다.

왜 이런 자리가 만들어졌고 앞으로의 가능성은 무엇을 남겼나.

교사의 역할과 교사의 전문성 혹은 전문성의 범위에 대해서도 논의의 장이 필요하다는 생각을 해서 소개했다. 학교자치가 시대적 담론이 되면서 중앙집권적 운영에서 현장 중심으로 전환되고 있다. 중앙집권적인 운영에서는 중앙에서 내려온 내용, 형식을 내려 받는 구조였다면 현장 중심으로 되면 현장에서 내용과 형식을 구성해야 한다. 즉 교사가 얼마나 많은 변인을 활용하여 내용과 형식을 구성할 것인가가 전문성의 중요한 척도가 될 것이다.

학교의 자치는 책임지는 주체가 바로 서 있는 정도가 자치의 현 상황을 나타내는 기준이 될 것이다. 축제의 경우만 보더라도 학부모자치회, 학생자치회가 없거나 형식적으로 운영되는 자치회였다면 훨씬 더 좁은 의미의 축제가 되었을 것이다.

그럼에도 가장 중요한 축은 교사이다. 교육과정을 운영하는 주체이기 때문이다. 하지만 교사가 연결 축으로서의 역할을 하지 않았다면? 이제 교사는 교실을 넘어서, 학교를 넘어서 가는 길도 들여다봐야 하는 것이 아닐까.

그럼에도 축제는 축제다. 가장 성공적인 축제는 무엇일까. 독일 헬레네랑에 교장이었던 에나 리젤은 '일정한 기간 동안 일상을 벗어나 함께 만들어 가는 아름다운 경험'이라고 말했다.

화려하게 반짝 빛나는 축제 당일뿐만 아니라 그것을 만들어 가는

축제의 마무리

과정 하나하나가 축제의 아름다운 경험이다. 무엇보다 내년을 기다리는 축제가 가장 성공적인 축제가 아닌가 생각해 본다.

감사의 말씀을 전합니다

하늘은 높고 바람은 선선합니다. 그야말로 가을 한복판입니다.

지난주 가을 하늘만큼이나 푸르른 우리 아이들이 함께하는 제3회 소담교육가족축제 '놀담먹담꿈꾸담'이 진행되었습니다. 첫째 날, 끼를 확인할 수 있는 공연과 다양한 물건이 나온 벼룩시장이, 둘째 날에는 금강 변에서 전교생 마라톤이, 오후에 전 교실에서 다양한 체험부스가 진행되었습니다.

이번 축제는 학교 교직원뿐만 아니라 아이들과 학부모님이 같이 만들고 같이 진행한 행사였습니다. 특히 매 프로그램마다 진행을 같이한 학생다모임, 훨씬 더 풍성한 축제를 만들기 위해 처음부터 같이 논의한 소담가족다모임, 벼룩시장, 마라톤, 체험부스에 아낌없이 지원해 주신 부모님들께 진심으로 감사의 말씀을 전합니다.

특히 마라톤 운영 시, 교통안전에 협조해 주신 세종경찰서, 안전교육을 해 주신 세종소방서, 그리고 직접 마라톤 구간에서 도와주신 많은 학부모님들의 큰 도움이 있었습니다. 우리 아이들이 더 안전한 공간에서, 즐겁게 배우는 소담초를 위해 노력하시는 분들이 많음을 다시 한 번 느낄 수 있는 계기가 되었습니다.

우리 학교의 학교 비전은 홀로서기와 함께하기로 삶을 가꾸는 교육입니다. 비전이 비전으로만 끝나는 것이 아니라 비전을 위한 구체적 교육활동을 기획하고 운영하고 있습니다. 좋은 학교는 좋은 생각, 좋은 의견만 있는 곳이 아니라 다양한 생각과 의견을 다 함께 고민하고 현실로 만들어 갈 수 있는 사람들이 모여 있는 곳이어야 합니다.

앞으로도 소담초 아이들이 안전하고 즐거운 가운데 배움을 익히는, 함께 살아가는 법을 배우고 더불어 스스로 삶을 되돌아보는 '홀로서기와 함께하기로 삶을 가꾸는 교육'을 실천하기 위해 노력하겠습니다. 많은 관심과 지원에 대해 다시 한 번 감사의 말씀을 드립니다. 깊은 가을, 가정에도 행복이 함께하시기를 바랍니다.

2018년 10월 22일

소담초등학교장 황미애 드림

6장

2년 차 혁신학교의
거의 모든 것

-연수원학교[1], 뒷이야기-

정유숙

조명의 유혹에서 나는 얼마나 자유로운가. 눈길 없는 곳에서 우리는 얼마나 오래 견딜 수 있을까. 학교 혁신으로 지친 교사들이 우리 하는 일의 엄중함과 가치를 되새기며 위로받는다. 누군가의 박수를 받으려고 하는 일이 아니다. 개인의 실리를 찾기보다는, 낯설지만 새로운 가능성을 찾아 나서는 이 과정이 진정한 공부이고, 무릇 교사의 자세이고, 또 교육 혁신일 것이다.

교사에게 연수란 뭘까. 외부에서는 교직 집단의 질 관리 방편으로 연수를 바라보기도 하고, 내부에서는 성장 동력과 자극으로 이해하기도 한다. 교직 15년 차인 내 제한적인 경험에 비추자면, 10년 전까지만 해도 상급기관에서 만든 정책을 단위학교에 적용시키기 위한 차출 방식과 교육행정기관의 인맥이라는 제한적인 강사진을 바탕으로 한 직무연수가 주를 이뤘다. 이즈음 교사는 주로 국가교육과정을 이해하고 받아들여 할 수동적인 대상으로 인식되어 왔다.

최근의 연수는 큰 전환을 맞이했는데 주요 골자는 '현장 자발성'에

---

1. 세종특별자치시교육연구원이 지정·운영하는 '연수원학교'는 단위학교가 교원의 직무연수를 수행하는 연수원 역할을 수행하는 것으로, 학교의 교육경험을 살린 실질적이고 창의적인 교원연수 프로그램을 자체적으로 개발하고 운영하여 우수한 교육 역량을 학교 간에 확산·공유하기 위한 연수 시스템이다. 이는 세종교육연구원의 시설 부족에 따른 기능을 일부 대체하고 기존 연수에서 충족하기 어려웠던 현장 중심의 연수를 교원에게 제공함으로써 참여중심 연수의 장을 제공하고, 학교교육과정을 개방하는 데도 목적이 있다. 지정 결과에 따라 대상학교는 연수 프로그램을 자체 개발 운영하고 소속 학교 교직원이 연수 강사를 담당하게 된다. 연수원학교 운영에 소요되는 행·재정적 지원은 세종교육연구원에서 처리한다.
   * 출처: (2016년 6월 21일) 특급뉴스(http://www.expressnews.co.kr)에서 발췌

큰 터를 두고 있다. 기획 과정부터 교사가 함께 참여하며 실제 많은 교사들이 강사 역할로 자신의 생생한 교육 실천 이야기를 들려준다. 이 배경에는 여러 요인이 있겠지만, 근 10년간 현장 경험을 나누는 전국단위 교사들의 자생 모임[2]이 자리 잡았고, 그간에 실천되고 확산된 역량과 이를 받아들이는 인식이 풍성해진 것으로 분석할 수 있다. 이후 원격연수가 하드웨어적으로 결합하면서 바야흐로 연수는 주제와 방식 면에서 홍수 시대를 맞이했다.

교사에게는 연간 필수로 이수해야 할 각종 직무연수[3]와 자신의 교육전문성을 강화하기 위해 찾아 들을 수 있는 자율(직무)연수가 있다. 세종교육청은 각종 필수 연수를 세종교육연구원 연수센터의 통합원격연수로 마련하여 연수기획과 진행의 업무를 획기적으로 경감시켰다. 이에 학교의 연수 업무 담당자로서 최근 연수의 흐름을 담아 보자는 다짐과 함께, 우리 학교 선생님들의 희망 주제를 수집, 반영하여 5개의 과정 설계를 일찍이 마쳐 둔 상태였다.

추진, 그 힘의 마련

분주한 3월, 학교로 도착한 '세종연수원학교' 공문. 학교를 연수기관화하여 현장성 있는 연수를 직접 운영하게 하는 취지의 연수다. 공교

---

2. 전교조의 참실연수를 위시하여 전국국어(교과별)교사모임, 새로운학교네트워크, 작은학교교육연대 등등이 그간의 경험을 누적하며 관련 문화 형성에 기여했다.
3. 생명존중, 심폐소생술, 성희롱/성매매/성폭력예방교육, 인성교육, 가정폭력·아동학대예방교육, 청렴교육, 장애인식개선교육, 학교폭력예방교육, 다문화인식개선교육 등 15개 영역이 있다.

육 교사들은 대개 수업과 학교업무를 공적 영역에서 이해하고 해낸다. 그리고 혁신학교 구성원들은 보다 더 공유와 확산의 자세를 갖고 학교교육에 임한다. 여러 도전과 시도로 만들어지는 우리의 것이 분명 있지만 이를 드러내기 위해서는 시기와 내용, 방법에 대한 합의가 필요했다.

학교 협의체의 운영 방식에 따라 연수원학교 여부를 기획회의 안건으로 올렸다. 우리 나름의 속도와 흐름이 의미 있는데 밖으로 보이는 모습에 급급해질까 하는 우려가 있었다. 그간 우리가 고민하고 실천한 것을 대외적으로 알려야 한다는 의무와 책임론도 있었다. 중간 매듭이 성장의 계기가 될 것이라는 긍정적인 전망도 있었다. 의견이 다양한 만큼 수합이 어려웠다. '섣부르다'와 '때가 되었다' 사이. '내실화가 먼저다'와 '공개가 내실화를 부른다' 사이. 단순한 찬반이 아니라 저마다 이유가 그럴듯하다. 이럴 땐, 절제와 균형의 감각을 소담의 시계추에 맡긴다.

누군가는 다수결을 성숙하지 못한 민주주의라고도 하지만, 숙의과정 이후 하나로 수렴되는 결론이 필요한 때도 있다. 운영진과 강사진이 설 수 있고, 수강 면에서 자율성이 있으니 표결로 처리하는 것이 그리 어려운 일은 아니었다. 설문 결과를 얻어 내는 과정은 간단했지만, 그 사이 오고간 이야기는 풍성했다. '소담의 지속가능을 위해서는 사람이 중요하다. 세종 관내 선생님들이 전보를 희망하도록 학교의 매력을 알리자, 꿈꾸는 교육활동을 얼마든지 펼쳐 볼 수 있는 곳임을 알리자, 열정 있는 교사가 모여 교육 희망을 실천할 수 있는 학교임을 알리자' 등등.

[세종연수원학교 운영 여부 교내 설문 안내]

2018. 3. 23.

　안녕하세요. 교사지원부입니다. 연수원학교 운영 여부에 관해 소담 구성원의 의견을 듣습니다. 지난 3/7(수) 기획회의에서 다룰 때 학년 의견을 수합해서 2주 후 결정하기로 하였으나, 바쁜 시기라 수합되지 않은 학년도 있고, 수합된 학년도 의견이 갈립니다. 하여 궁금하신 부분을 안내하고 쿨메신저 설문을 진행하니 참여 부탁드립니다.

1. 연수원학교가 뭔가요?
- 단위학교를 연수원으로 운영하여 학교의 교육 실천 사례를 현장에 알립니다.
- 소담초 선생님들이 강사가 되고 다른 학교나 우리 학교 선생님들이 강의를 듣습니다.
- 소담초 교사+외부 강사 결합도 가능합니다.

2. 연수시간은 몇 시간인가요?
- 6, 9, 12, 15시간으로 개설 가능합니다.

3. 어떤 내용을 강좌로 개설할 수 있나요?
- 수업보기나 학년교육과정협의회(교실마실), 배움중심수업, 전문적 학습공동체
- 학생 자율동아리, 학생자치, 학부모 관련 프로그램
- 학교교육과정 설계, 학년교육과정 재구성 및 운영
- 온책읽기 사례, 배움공책/성장이력철 등등 소담초에서 실천하고 있는 모든 교육활동

4. 연수원학교가 개설되면 우리 학교 선생님 모두 다 들어야 하나요?
- 공문이나 통합교육연수시스템(sjti.kr)에 등록한 분은 직무연수로
  수강 가능합니다.
- 원치 않으실 경우 부분적으로 자율수강하시면 됩니다.

　소수 강사진을 세워 연수 몇 과목을 개설하는 것은 어렵지 않을 수 있으나 학교 이름을 걸고 하는 우리의 일이기 때문에 소담 구성원들의 동의가 중요합니다. 우리 상황에서 해 봄직한 일인지 판단하셔서 클릭해 주세요. 설문 결과 과반 이상의 경우 진행하고자 합니다. 문의는 7307입니다.

[세종연수원학교 운영 여부 교내 설문 결과]

설문자	미설문자	총
30명(78.9%)	8명(21.1%)	38명(78.9%)

1. 세종연수원학교 운영에 찬성하시나요?
- 찬성 17명(44.7%)-반대 13명(34.2%)

2. 운영 시 강사로 참여할 의향이 있으신가요?
- 희망 6명(15.8%)-비희망 24명(63.2%)

3. 운영 시 수강하실 의향이 있으신가요?
- 공식적 수강(연수생으로 등록됨) 12명(31.6%)
- 자율적 수강(연수생으로 등록되지 않음) 13명(34.2%)
- 수강 원하지 않음 5명(13.2%)

일단, 하느냐 마느냐는 결정됐다. 이제 뭘 하지를 고민할 단계. 소담에서 실천하고 있는 것들을 죽 적었다. 교무실 카페 칠판에 썼다 지웠다를 여러 번. 교무실에 오가는 사람들이 한 줄씩 생각을 보탰다. 그렇게 정해진 연수원학교의 운영 주제는 '2년 차 혁신학교의 거의 모든 것'. 물론 방점은 '모든'이 아니라 '거의'에 있었다.

우리가 주목하고 힘주고 있는 것들은 무엇인지, 혁신학교라면 응당 드러내야 할 것들은 무엇인지, 연수생 입장에서 궁금할 만한 것들을 중심으로 뼈대를 추렸다. 혁신학교 2년 차. 더 정확히는 만 1년. 길지 않은 시간 운영한 결과를 드러내는 자리니 욕심 부릴 게 딱히 있을까 싶은데 뭔가를 꺼내 보이려니 막상 조바심이 생긴다. 기왕이면 잘되고 있는 것을 중심으로 보이고 싶은데 들추니 빈틈이 많아 보인다.

한 달 남짓한 절차 끝에 마련된 합의였다. 소담초에서는 뭔가 외부에서 주어진 것이나 새로운 것을 하려면 여러 논의 체계를 거쳐야 한다. 이런 장치들이 있기에 일회적이고 급작스러운 일의 추진은 좀처럼 어렵다. 반면 번거롭고 복잡하지만 이런 체계를 거친 일들은 추진하는 내내 타당성을 보장받고 힘을 얻는다.

여러 이야기가 오간 후 연수원학교 운영의 방향성을 잡는다. '내용을 보여 주기 위해 접근하는 것은 자충수다. 한계를 인정하고 겸허한 민낯을 보여 주는 것이 우리답다. 그래야 그 다음이 또 보인다.' 의미 있는 지점이 아직 만들어지지 않았더라도 학교에서 힘주고 있는 것들을 한 만큼만 보여 주는 것으로 결론 내린다.

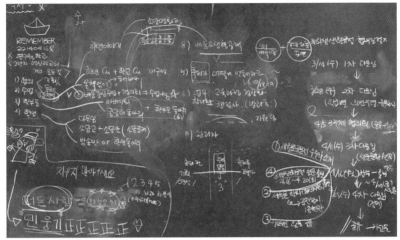

오며가며 적는 교무실 칠판

연수, 그 치열한 기획

연수 과정의 얼개를 짜기 위해 학교를 꾸리고 있는 큰 틀을 돌아본다. 처음 학교를 세우고 혁신학교 공모를 위한 추진과제를 세울 때 수없이 반복했던 작업이다. 그때 하려고 했던 것들이 어느덧 외양과 형식 면에서 일련의 채비를 마쳤다. 지금 하는 반추는 그것들이 진정성 있게 마련되고 있는지를 성찰하며 접근한다. 2016년 5월 1일 개교 이후 짧지만 다사다난했던 소담의 역사가 주마등처럼 스친다.

학교의 주요 골격 중 주체별 협의체와 학년살이(전문적학습공동체의 운영, 학년중점교육활동, 온작품 읽기와 교육과정 재구성), 수업 이야기(혁신학교에서의 배움의 의미와 수업) 그리고 구성원의 이야기를 듣는 토크콘서트. 이렇게 대강의 줄기를 잡고 초안을 마련했다.

과정	때	주제	강사	형식	장소
1 과 정	9. 5(수) 14:30 ~15:20 (1시간)	3주체가 만드는 축제 이야기 1 •연석회의 참관	진행 유우석	회의 공개	본교 대회의실
	15:30 ~17:20 (2시간)	소담 세·바·시 •혁신학교 관리자로 산다는 건 •업무전담팀의 운영과 실제 •혁신학교 예산 편성 및 집행 •소담교육과정의 이해 •학부모회 운영 사례 •학생자치 운영 사례	황미애(교장) 김동겸(교감) 최은영(행정실장) 유우석(교사) 강민주(학부모) 고은영(교사)	강의	본교 시청각실
2 과 정	9. 19(수) 14:30 ~17:20 (3시간)	[특강] 혁신학교에서의 배움의 의미 (학습의 사회적 특질)	박동섭 (이동연구소/소장)	강의	본교 시청각실
3 과 정	10. 10(수) 14:30 ~17:20 (3시간)	소담 학년살이 나눔 •교실마실(4학년 전문적학습공동체) •온책읽기(6학년 교육과정 재구성) •소담영화제(3학년 교육활동)	4학년 교사 양정열(교사) 최홍준(교사)	회의 공개 사례	4학년 연구실 대회의실 대회의실
4 과 정	10. 17(수) 14:00 ~16:50 (3시간)	소담 수업나눔 •배움중심수업(5학년 학급) 참관 •수업나눔(협의회) 참관	이상미(교사) 수업 두레 교사	수업공개 협의회	5학년 라온 6학년 다솜
5 과 정	10. 19(금) 13:30 ~15:30 (2시간)	3주체가 만드는 축제 이야기 2 •축제 현장 탐방	-	현장 연수	본교 강당 및 운동장
	15:30 ~16:30 (1시간)	소담 토크콘서트 •혁신학교 교사로 산다는 건 •질의응답	소담초 교직원	대담 토의	본교 도서관

다음은 5개의 각 과정별 기획 의도와 설계 과정에 대한 개관이다. 먼저, 학교의 중심교육활동이 어떤 절차를 통해 기획되고 어떻게 다뤄지고 구현되는지를 보여 주고자 했다. 우리 학교에서는 학부모회 대표단과 교직원단(교장, 교감, 부장교사, 행정실장, 교무행정사), 학생다모임 대표단이 한 달에 한 번씩 모여 연석회의를 한다. 큰 학교다 보니 학년중심으로 교육활동들이 전개되는데 일 년에 한 번 하는 축제만큼은 모두가 모이는 큰 자리다. 이 큰 행사의 기획은 공동체별 역할에 따라 함께 진행한다.

처음 학교를 꾸릴 때의 경험을 떠올렸다. 상명하달식 안내가 아니라 민주적 문화를 바탕으로 하는 협의회는 도대체 어떻게 진행되는 걸까. 협의회의 나아갈 방향을 기치나 구호로만 갖고 있는 상태에서 좀처럼 실천을 위한 세부적인 것들이 그려지지 않았다. 여러 학교를 수소문했으나 실제적 장면을 참관하기는 쉽지 않았다. 보통의 사례발표는 강의식으로 전달되기 마련이다. 매끈하게 다듬어진 경험을 사후적으로 듣는 것으로는 그 장면을 상상하고 오고가는 대화와 진행을 떠올리기 어려웠다. 그때처럼 누군가도 우리 같은 갈증이 있으리란 생각에 연석회의 장면을 직접 공개하기로 했다.

더불어 '세상을 바꾸는 시간'이라는 포맷을 차용해 각 주체별 목소리를 들어 보는 시간을 마련했다. 세바시는 이미 코너의 대중성과 보편성을 광범위에서 획득하고 있지만, 유독 학교 현장의 연수에서는 찾아보기 힘들다. 구조적으로 강사료와 원고료의 지급 체계가 이에 준해서 마련되어 있지 않기 때문이리라. 추후 연수원과 협의를 거칠 마음으로 우선 설계에 넣었다. 다행히 담당 연구사님은 난감하고 번거로울 상황을 흔쾌히 받아들이고 격려하며 행정적 보완을 맡아 주셨다. 역할별로 바라보는 풍경이 다르기에 누가 강의를 하느냐가 관건인 코너. 강사의 특성을 고려하여 학교를 아우르는 이야기를 전하려는 생각에 교장, 교감, 행정실장, 교육과정 담당 교사, 학부모회회장, 학생자치 담당 교사 이렇게 6명의 강사가 15분씩 발표하기로 했다.

기존의 수직적 문화를 개선하려다 보니 관리자들은 변화하는 환경에서 역할 설정과 조정이 간혹 어려워지는 문제를 겪는다. 이에 배려와 포용으로 학교 구성원을 품어 주시는 교장 선생님께 '혁신학교 관리자로 산다는 건'이란 주제로 그간의 앞선 경험과 너른 혜안을 나눠 주십사 부탁드렸다. 교감 선생님은 실질적인 학교 운영과 교무업무의 수장 역할을 하시는데, '업무전담팀 운영의 실제'란 테마로 학교 차원에서 마련하고 실천 중인 업무합리화 사례와 실질적 운영 이야기를 맡아 주셨다.

다음은 행정실. 학교 이야기를 전하는 연수에서 행정실의 이야기를 듣는 경우는 적어도 내 경험에는 없었다. 개교학교의 상황은 집행할 예산이 많고 그 사용 방식의 차이로 교사와 행정실 간 마찰을 겪는 일이 적지 않기 마련이다. 학교회계예산과 관련해 명확한 지침을 근거에 두고 집행해야 하는 행정실의 처지와 교육적 유목적성을 중시하는 교사의 처지가 다르기 때문이다. 각자의 임무와 사명에 충실하다 보니 발생하는 마찰로 해석할 수 있겠다. 더욱이 혁신학교는 운영을 위한 별도의 예산이 추가로 편성된다. 돈의 쓰임 면에서 어쨌든 번거로운 상황이 양적으로 늘어날 수밖에 없기도 하다. 우리 학교 행정실에서는 학년중심 교육활동을 펼치도록 예산의 편성과 집행 면에서 최대한 교사의 처지를 이해해 준다. 애초 행정실 식구들과 학교를 처음부터 같이 꾸려 오면서 정이 많이 들기도 했다. 사적 관계의 작용도 한 요소겠지만 사실 이런 문화는 교육활동에 대한 이해와 지원의 마음 없이는 불가능한 일이다. 하여 행정실장님도 한 꼭지를 맡았다.

이제 교육 3주체, 학교교육활동의 중심인 소담교육과정 이야기를 담당 교사가 교사를 대표해서 전하고, 학부모회의 운영과 실천 사례를 바탕으로 학부모 역할에 대해 학부모회 회장님이 전하기로 했다. 학생 주체에 대한 이야기는 아이들이 직접 전하기에는 무리가 있어서 학생 자치 담당 선생님이 전하기로 했다. 이상이 1과정의 설계다.

2과정으로는 지금 시대의 학습이 어떤 의미에서 달리 이해되어야 하는지 그 이론적 바탕을 더듬어 보고 싶었다. 혁신학교에서 이루어지는 수업 방식이나 학습 결과에 대한 우려를 어렵지 않게 접할 수 있다. 학교교육의 책임이 대학입시에 치중해 귀결되다 보니 배움의 모든 과정과 넓은 의미가 도외시되기도 한다. 우리의 실천과 관점이 타당하다고 생각하나 깊이와 확신을 갖기 위해 힘을 실어 줄 학문적 결합이 요청되는 때다. 적절한 시기에 만나는 이론은 실천을 대폭 심화시킨다. 우리가 당면하고 있는 배움에 대한 이해와 접근을 좀 더 새로운 시각과 넓은 지평에서 바라보고 임하는 기획으로 설계하고자 했다. 마침 지난 1월 비고츠키 연수를 접하며 알게 된 박동섭 소장님을 초청할 수 있어 학습의 사회적 특질에 대해 좀 더 근본적으로 생각해 보는 기회를 마련하게 되었다.

3과정은 교육활동의 꽃인 학년이야기다. 혁신학교에서 가장 직접적으로 교육과정이 이야기되고 펼쳐져야 할 단위는 단연 학년이다. 우리 학교는 '온작품 읽기'라는 교육활동을 모든 학년이 함께 추진하고 있다. 개교 첫해 희망하는 학급에서 실천하던 것이 다음해 학년 단위를 넘어 이제 전교로 확대되었다. 이 실천의 과정을 드러내는 것을 한 꼭지로 잡았다. 또한 학년별로 다양하게 특색 교육과정이 운영되고 있는 바, 작년 소담시네마에 이어 올해 영화와 뮤지컬의 형식을 결합해 예술제 공연을 준비하고 있는 3학년이 '신의 한 수(cine 한 수)'를 준비하는 과정을 전해 주기로 했다. 마지막으로 학교의 동학년 협의체이자 전문적학습공동체의 성격으로 매주 실시되는 교실마실 장면을 현장형으로 공개해 앞선 교육과정의 논의들이 어떻게 교사들 안에서 다뤄지고 만들어지는지 내보이고자 했다.

4과정에서는 2과정에서 혁신학교에서의 배움이 어떤 의미인지 이론에 근거하여 탐색하였으니, 실제 수업 현장에서는 이런 연구와 철학이 어떤 상호작용으로 나타나는지 수업을 통해 드러내기로 했다. 소담초에 마련된 여러 두레 중 수업에 대해 이야기 나누는 수업 두레가 있다. 4과정은 이 수업 두레에서 맡기로 했다. 수업 설계를 위한 사전 협의과정과 실제 수업 장면, 수업 후 협의회 장면을 공개하며 함께 참관한 선생님과도 직접 이야기를 나누는 참여형 구조로 열기로 했다.

기획이 가장 어려웠던 것은 5과정이다. 특별한 누군가가 아니라 우리 안의 누구나가 강사가 되어 함께한 것을 전하면 좋으련만, 실제 강사로 설 수 있는 수는 한정되어 있었다. 그래서 학교 구성원 모두가 주인공이 되는 판을 깔고 싶었다. 매달 월례회 성격의 다모임을 진행하지만, 여전히 학교 운영과 관련해 공적 안건들이 오가기에 다소 건조하고 단절적인 면이 있었다. 토크콘서트 형식으로 구성원들이 갖고 있는 생각을 편안하게 나누면 어떨까. 평소 학교 다모임을 진행하는 담당자로서 사회자의 역량이 중요함을 누구보다 잘 안다. 나는 만병의 근원인 노잼병을 앓고 있기에 이 역할을 대신할 수 있는 MC의 발굴이 중요했다. 마침 우리 학교에는 만인이 인정하는 적격자가 있었다. 바로 최홍준 선생님.

메시지로, 면 대 면으로, 전화로 과정별 기획회의를 여러 번 했는데 그중 5과정의 기획회의는 최초로 학교 밖에서도 이루어졌다. 말랑말랑한 두뇌 만들기를 위해서는 우선 학교를 벗어날 필요가 있었다. 알코올의 도움으로 지나친 이성의 기능을 적당히 마비시키고 감정과 감성, 유머란 코드로 접근하기로 한다. 구성원 간 관계 맺기는 여러 장소에서 여러 상황으로 이루어진다. 콘서트 형식과 주제 만들기에 여러 명의 아이디어가 결합했다. 여기까지가 기획, 이제 나머지는 온전히 MC에게 맡기기로. 어떤 확신으로 뒷일을 MC에게 온전히 맡겨도 되리라 판단했는지는 아래 메시지로 갈음한다.

참, 뛰어난 미적 감각과 센스로 토크콘서트 전용 마이크 장식을 기꺼이 만들어 준 선생님들의 배려와 도움도 잊지 않고 담는다. 다음 장에서 후술되겠지만, 반짝반짝한 아이디어 회의와 뛰어난 진행만으로 공연이 채워질 수 없다. 좋은 공연은 무대가 아니라 객석에서 만들어진다던가. 그 일환에는 늘 보이지 않는 여러 손과 마음이 있는 법이다.

다음 메시지를 받으시는 분은 토크콘서트 시 바람잡이(?)로 도움 주실 분들입니다(토크콘서트의 취지를 이해하고 있고 평소 재치와 유머 말발이 풍부한 분들입니다).

● 바람잡이의 역할
1. 싸하고 쭈뼛쭈뼛한 분위기일 때 센스와 재치로 분위기를 UP시켜 야 함.
2. 스케치북 토크 시 적극적으로 참여하여 분위기를 이끌어 줘야 됨.
  *스케치북 토크: 다음의 질문에 대한 자신의 이야기를 스케치북 에 크고 짧게 적고 그 이야기에 대해 토크로 풀어 나가는 방식.

● 토크콘서트의 핵심 질문
1. 내가 제일 자신 있고 마음에 드는 신체 부위 한 군데를 적어 주 세요.
- 자신을 어필할 수 있는 시간.
- 다양한 신체 부위를 재치 있게 말하면서 분위기 UP 유도.

2. 소담초등학교 하면 바로 딱 생각나는 것(물건, 사람, 상징. 체제 등 자유롭게).
- 소담초에 대해 이야기하는 시간.
- 풍부하게 생각해 오고 깊이 있게 말씀해 주면 좋은 시간이 될 듯.

3. 나를 표현할 수 있는 노래 한 곡은?
- 나 자신을 설명할 수 있는 노래 또는 제일 자신 있는 노래 자유

롭게~

- 이 노래를 선정한 이유부터 유쾌하게 말씀해 주시고,
- 무반주로 직접 그 노래를 불러 보는 시간!(개인적으로 제일 기대되는 시간!)

4. 내가 가지고 있는 소담초의 '벽'(장애물, 힘듦, 골칫거리, 고민).
- 토크콘서트가 진지하지 않은 컨셉트이지만,
- 이 부분에서는 그래도 진솔하고, 깊이 있게 이야기가 나오는 시간이었으면.

5. 당신의 방과 후가 궁금합니다(퇴근 후에 무엇을 하는지… 자기계발, 육아, 취미, 등등).
- 개인적인 이야기가 많이 나올 수 있는 시간.
- 학교에서만 보이는 모습이 아니라 학교 밖의 삶도 궁금함.

   좀 더 재치 있고, 즐거운 분위기를 위해 미리 질문을 공유합니다. 생각해 오세요!

   혹시 분위기가 넘 좋아서 굳이 안 하셔도 되면 바람처럼 사라질 수 있음을 미리 안내드립니다.

1학년 선생님들이 제작한 마이크 장식

연수 담당자 입장에서 연수는 기획이 팔 할이다. 과정별로 띄엄띄엄 진행되는 일정이라 각각의 세부 기획은 앞선 과정이 진행되는 도중에 이루어졌다. 돌아보면 피를 말리는 시간이었지만 가장 치열하게 학교를 돌아보고, 생각해 본 시간이기도 하다. 반복되는 회의와 준비로 머리에 쥐가 났다 사라졌다를 반복해도 이를 어쩌나, 과정 과정을 마치며 느끼는 희열과 샘솟는 호르몬들이 마지막 과정까지 우리를 북돋고 흘린다. 이 기획을 통해 소담초를 가장 많이 들여다보고 사랑하게 된 이가 우리 자신이라는 사실이 무엇보다 기쁘다. 열정도 병인 양하지만, 밖을 향한 드러냄은 치열한 자기애의 고백이기도 하다.

현장, 그 뜨거운 열기

기획은 책상머리에서 끝. 이제 당일 연수가 전하는 바가 관건이다. 소담초의 연수원학교가 주목한 것은 '현장성'에 있다. 연수에서 현장성을 드러내는 방법으로는 무엇이 있을까. 보통의 현장밀착형 연수는 교사가 사례를 들려주는 방식이다. 그러다 보니 경험과 생각을 축적하고 편집하여 강의로 들려주게 된다. 물론 동영상이나 인터뷰를 곁들여 현장의 느낌을 첨가할 수 있지만 우리는 좀 더 직접적이고 실험적인 방식을 택했다. 현장 그 자리를 그대로 공개하고 날것의 상황을 연수생이 직접 보고 듣고 받아들이는 자리로 기획했다.

이제 그 첫 번째 과정이다. 여느 때처럼 학부모 대표단, 학생 대표단, 교사단이 모여서 축제 기획을 주제로 연석회의를 했다. 모두가 참여하는 행사인 만큼 한 번에 결론을 내지 못하고, 다음으로 미뤄지거나 열린 상태의 결말로 마친 이야기가 많았다. 연석회의가 끝나고 전임지에서 같이 근무했던 선생님과 반가운 인사를 나누다 잠시 평을 듣는다. 여름에 1정 연수를 받은 젊은 선생님이다.

"선생님 이게 뭐예요? 무슨 말인지도 모르겠고, 저는 도통 적응이 안 돼요."

아뿔싸. 연석회의에서 주고받는 말들이 뒤쪽에 잘 들리지 않았나 보다. 마이크를 쓸까말까 하다가 평소대로 하자는 의견이 많아 생략했는데 기술적 보조가 오늘만큼은 필요했던 것 같다. 들리지 않아서만은 아니었을 게다. 너무나 태연하고 당연하게 참관자를 의식하지 않고 우리 위주로 이야기를 주고받는 방식이 당혹스러웠을 수도 있다. 또한 한 시간 회의 끝에 정해진 것이 별로 없으니 이 지점도 당황스러웠을

1과정 연석회의

지 모른다. 회의는 물론 만사가 아니다. 모이자마자 집단지성이 발휘되어 수준 높은 의결이 뚝딱 이루어지는 일은 절대 일어나지 않는다. 그런 환상에서 벗어나 모여서 뭔가를 함께한다는 것이 얼마나 어려운 일인지, 그 접점을 찾아가는 과정은 어떤 의미와 힘을 갖는지, 그럼에도 불구하고 왜 모여서 이야기해야 하는지가 조금이나마 전해졌다면 좋겠다.

소담 세바시는 현장 분위기로 짐작하건대 매우 성공적이었다. 15분씩 6명의 연사가 학교 전반에 대해 짧은 이야기를 전했다. 주어진 역할에서 학교를 꾸리고 애쓰는 이야기들이지만, 바꿔 말하면 각각의 입장에서 학교를 사랑하는 방식이기도 하다. 짧은 시간 안에 함축적으로 인상적인 내용을 전달하는 형식이라 강사로 선 이들 모두 많은 노력을 했다고 들었다. 같은 방향을 바라보지만 각자의 속마음까지는 들여다보지 않았던 서로이기에 발표를 들으면서 울컥한 순간이 몇 번 있었다. 열정과 노력이 전하는 감동은 결코 마음을 배반하지 않는다.

2과정은 연수원에서 단위학교로 발송하는 공문 외에도 내부메일을 통해 좀 더 많은 홍보를 했다. 덕분에 50명의 신청자가 꽉 찼다. 3시간 내내 쉬는 시간 한 번 없이 열강이 이루어졌고 자리를 뜨는 교사도 거의 없었다. 애초 학습의 사회적 특질이 주제였는데 3시간이 너무도 부족하여 그 부분에 대해서는 많이 다뤄지지 않아 아쉬움이 있었다. 강의 중 여러 선생님들의 마음을 울린 대목을 채록한다.

왜 지금 칭송받지 못하는 교사Unsung hero가 필요한가

마을에 둑이 하나 있는데, 거기에 작은 구멍이 뚫여 물이 샙니다. 그래서 그 곳을 지나가던 아이 하나가 구멍을 돌로 막았습니다. 그러니 당연히 아무 일도 생기지 않았겠죠. 그 아이는 자신이 사고를 막았다는 것도 알지 못하고, 마을 사람들도 그 아이가 한 일을 알지 못합니다. 사고를 미연에 방지한 사람들의 공적은 결코 표창의 대상이 될 수 없습니다. 이처럼 우리 사회는 '칭송받지 못하는 영웅', '아무것도 일어나지 않는 것의 미학'이 있기에, 그나마 간신히 유지되고 있는 것입니다. 아무 일도 생기지 않으면 그걸 높이 쳐 주지 않지만, 둑이 무너져 내린 후에는 누가 먼저 달려갔느냐, 구조를 많이 했느냐에 따라 능력을 평가해 줍니다. 미연에 방지한 능력보다 사후에 처리한 능력을 더 평가해 주는 것이지요.

조명의 유혹에서 나는 얼마나 자유로운가. 눈길 없는 곳에서 우리는 얼마나 오래 견딜 수 있을까. 학교 혁신으로 지친 교사들이 우리 하는 일의 엄중함과 가치를 되새기며 위로받는다. 누군가의 박수를 받으려고 하는 일이 아니다. 개인의 실리를 찾기보다는, 낯설지만 새로운 가능성을 찾아 나서는 이 과정이 진정한 공부이고, 무릇 교사의 자세이고, 또 교육 혁신일 것이다.

3과정은 학년살이에 대한 공개다. 그러나 과정 운영 시기가 10월로 넘어가면서 외부 수강생이 현저히 줄었다. 학교마다 이 시기는 공개수업과 학예회 등으로 바쁜 때이다. 결국 당일 수강생 대부분은 내부자

였다. 교실마실은 학년전문적학습공동체를 열심히 운영하는 4학년에서 맡아 주었다. 평소 학급 너머 협업과 공동 연구를 해 오던 것이 오늘만큼은 학년 너머를 보게 되는 학년마실이 되었다. 학년별로 각기 열심히 하고 있지만, 다른 학년은 실제 그 시간을 어떻게 보내고 있는지 알 수 없었는데 서로의 시간을 들여다보니 반성도 되고, 배울 점도 얻어 좋았단다. 세종에 막 전입 온 상태에서 온작품 읽기를 시작하느라 힘들었지만, 도리어 연수원학교에서 사례 발표를 맡게 되면서 도전하고 정리하는 시간을 마련했다는 6학년의 교육 이야기도 인상적이다. 소담영화제를 준비하고 있는 3학년의 교육과정 운영 이야기도 미덥다. 교사 개인이 갖고 있는 서로 다른 능력을 뮤지컬이라는 장르로 담아내 함께 지도한 기획이 다채롭다. 아이들과 무엇을 어떻게 하며 사는지를 나누는 시간들이기에 교사들의 진지함과 몰입도가 한결 빛났다.

4과정은 수업 이야기다. 소담초에는 두레라고 하는 학년 간 전문적학습공동체가 있다. 모든 선생님은 주제별 두레에 속해 학년을 주제로 연결하고 묶는 역할을 한다. 수업 두레 선생님의 교실 수업을 본 후, 수업 두레에서 운영하는 수업나눔에 수강생들이 함께 참여해서 그 방식대로 수업 이야기를 나누는 시간을 가졌다.

전문가는 경력만큼 대우받고 인정받는 법이라고 하지만 교직은 때로 교육경력이 많을수록, 그간의 실천이 다양할수록 관성을 띄고 경화된 관점 덕에 조정의 난항을 겪기도 한다. 언젠가 인근 중학교 50대 혁신부장님과 수업에 관한 이야기를 나누면서 들은 말씀이 깊게 남는다. '바뀐 수업관에서 우린 모두 신규야.' 십몇 년 경력만으로도 경화되어 버린 내 관성을 트는 일은 무엇보다도 과거의 나와의 단절과 계승에서 출발해야 할 것이다. 쉽지 않은 용기를 필요로 한다. 올해 수업 두레는 해당 과정을 꾸리면서 여러 어려움을 겪었는데, 그 기저에 있는 감정의 근원이 이와 상통한다. 수업 두레에서 이룬 것들은 완성도를 떠나 그 점에서 큰 의미가 있다.

기존의 수업협의회 방식이 해당 수업의 완결성을 높이기 위한 사후적 방식으로 논의가 이루어졌다면 4과정에서 보여 준 수업나눔은 수업 관찰을 통해 주제를 상정하고, 수업과 교육의 근원적 문제에 주목하면서 서로의 의견을 듣고 다양성을 나누는 데 목적을 두고 있는 점이 특이할 만했다.

[소담 수업 두레 수업협의회 기록]

2018. 10. 17. (수) 15:30~17:00 (국어) 수업자: 이상미 / 사회자: 정유숙

가. 수업 교사 및 수업 주제 소개

- 사회자 안녕하세요. 교과교사로 5-라온을 만나는데 제 수업 시간과 사뭇 다른 아이들 모습을 보면서 어떤 과목으로 만나느냐, 어떤 교사와 만나느냐에 따라 아이들이 보여 주는 모습이 상당히 다르구나 하는 생각을 또 한 번 했다. 오늘 인상적인 시수업을 보여 주신 분은 개인적으로 교육에 대한 고민이 있거나 어려움이 있을 때 찾아가는 선배 교사이기도 하다. 이상미 선생님을 소개한다.
- 수업자 오늘 수업 자료는 그동안 아이들이 자신이 경험한 일들을 바탕으로 꾸준히 써 온 시화집이다. 이 시화집을 함께 읽고 서로 공감과 응원을 주고받으며 시에 대한 흥미와 관심을 이어 가고 시 읽기와 쓰기의 일상화에 동기를 부여하는 데 초점을 맞췄다.

나. 수업과 수업 교사의 장점 찾기(모두 말하기)

- 오윤미 학생들이 시를 소개받는 경험과 교사의 피드백을 통해 시에 대한 자신감 갖게 됨.
- 장정원 힘든 아이들을 눈여겨봤는데 그 아이와 교사의 공감에 감명, 학생과 교사의 대화 발문 좋았음, 사제 간의 좋은 관계로 수업이 더 잘 이루어짐. 학생의 표정 밝고 시에 집중하는 행복한 수업, 시를 통해 스트레스 풀고 회복하는 수업.
- 조성화 수업 재구성 좋고 서로의 시를 읽고 공감하는 분위기 좋음. 밝은 수업 문화가 좋았음.
- 최수형 힘이 들어가고 준비된 수업이 아닌 힘을 뺀 수업, 시와 친숙해지는 것을 목표로 구성한 시 수업의 목적이 달성됨.
- 지영하 아이들은 긴장하고 교사는 긴장하지 않은 수업, 아이들에게 의미 있는 수업.
- 함유찬 짧은 시간 안에서 효율적으로 많은 시를 접하도록 한 부분이 좋았다. 교사의 긍정적 피드백, 아이의 말을 긍정적인 표현으로 바꾸어 아이에게 돌려주는 수업.
- 최승훈 부적절한 언어에 대해 상처 되지 않게 지도해 주어서 좋았음.
- 이지현 힘든 아이들도 수업에 잘 참여할 수 있도록 잘 이끌었다. 아이들이 자연스럽게 시를 나누는 모습이 좋았다.
- 김민정 다른 친구의 시를 읽고 다른 친구가 발표하도록 디자인함으로서 뿌듯함을 느끼고 수업에 집중하도록 하였음. 시에 대한 아이들과 교사의 피드백이 좋았다.
- 조윤진 댓글을 통해 공감을 표현하도록 하는 방법, 학습 목표에 도달.
- 이유진 유머로 웃음, 흥미유발 교수법 좋았다. 모두 다 수업에 참여

하고 있다는 느낌과 소속감을 줌.

- 김세영 재미있고 즐길 수 있는 수업, 수업에서 벗어나는 말에 대해 유머로 처리, 시에 댓글 달기로 감정을 표현하도록 함.
- 이빛나 모둠에서 뽑히지 않았던 시를 소개하는 시간이 의미 있었다.
- 홍유민 평소에 시를 즐기고 있음이 느껴졌다. 작은 글씨의 시도 읽고 참여하려는 의지를 보았음. 시를 읽고 발표하는 속도가 빨랐으나 집중하여 시를 들으려는 태도에서 아이들이 시를 좋아하는 모습이 보였다. 학생이 주인공이 되는 수업이었음. 수업 재료와 학생의 참여에서 모든 학생이 참여.
- 우상균 수업 전의 돌발 상황, 학생의 상태를 살피고 격려하는 모습에서 학생을 생각하는 교사의 모습 느꼈음. 학생이 직접 쓴 시를 제재로 수업을 구성하여 수업 참여도가 높았다. 학생의 이야기를 칠판에 적어 줌으로써 학생에게 자존감과 자신감 높여 줌.
- 예민지 공유하며 하나가 되는 수업, 아이들이 표현하지 못하는 감정을 교사가 좀 더 섬세하게 표현하는 모습, 아이들의 댓글 읽어 주며 아이들과의 상호작용이 원활, 공유와 공감이 잘 이루어짐. 시 모둠별로 공유하며 뽑히지 않은 시도 발표하도록, 공감이라는 수업 주제가 댓글 달기로 잘 구현됨. 시 수업에 많은 참고가 됨.

다. 수업에서 관찰한 사실 나누기(모둠협의)
- 수업 참관 시 판단이나 평가가 아닌 관찰한 내용을 관찰지에 기록한다.
- 붙임종이에 쟁점이 담긴 관찰을 적은후 모둠에서 의견을 교류한다.
- 전체 토의할 안건을 주제화한다.

▶ 1모둠: 모둠 사회자 장정원/모둠 기록 김영국

1. 수업에서 관찰한 사실 나누기

- 자신의 의견을 밀어붙이고자 하였으나 친구들에게 안 들리자 지우개 뭉치기를 했다.
- 문 쪽 남학생이 수업 흐름에 상관없이 말을 했다.
→ 수업 중에 느린 학생과의 상호작용을 해야 하나 수업 흐름을 유지해야 하나란 질문으로 발전했다.
- 손장난을 하고 있던 학생에게 '오늘의 너와 어제의 나를 비교해 봤으면 좋겠다'라는 질문을 던졌다.
- 교사 안내에 따라 학생끼리 자율적으로 시집을 돌려 읽었다. 읽으면서 아이들 사이에서 웃음이 나왔다.
- 아이들이 공감 댓글을 쓰기 위해 굉장히 적극적이었지만 시끄럽지 않았다.
→ '효율적으로 공감을 어떻게 나눌까?'란 질문이 나왔다.
- 시를 읽을 때 자연스럽게 몰입하면서 의자에 다리를 올리고 앉았다.
- 학생들이 다 웃을 줄 알았던 부분에서 학생들은 웃지 않았다.
→ 교사의 계획과 아이들의 실제 반응이 다를 수 있음을 나누었다.

2. 토의 주제 모으기
  (수업 관찰에서 도출한 토의 주제와 관찰자의 수업 고민에서 나온 토의 주제를 모음)
1) 발표 참여율을 높이는 방법은?
- 참여에 대한 기준을 정한다(참여를 했다 안했다도 교사의 시각이라는 문제).

- 지목을 통해 발표를 시킨다.

2) 학생들과 함께 만들어 가는 수업은 교사가 어떻게 하는가?

3) 아이들의 자존감을 세워 주는 수업이란 무엇인가?

4) 수업 중 느린 학생과의 상호작용과 수업 흐름 유지 중 무엇이 중요한가?

5) 공감 댓글 활동의 혼란 예방은 어떻게 해야 할까?

- 붙임쪽지를 활용한다.

- 혼잡함 속에 경쟁심을 유발, 의견을 가진 개인의 의욕을 높인다.

- 댓글에 대한 댓글을 달게 한다.

6) 학생의 예술 수업 중 태도는 어때야 하나?

▶ 2모둠: 모둠 사회자 함유찬/모둠 기록 황소연

1. 수업에서 관찰한 사실 나누기

- 학생들이 댓글 달기 활동 때 작품에만 댓글을 단 게 아니라 댓글에도 대댓글을 달았다.

- 학생들이 칠판 앞으로 나와 댓글을 달 때 한쪽으로 학생이 몰려 혼잡해지자 교사가 줄을 서라고 지도했다.

→ '학생 전체가 앞으로 나와 활동해야 할 때 학생들이 우르르 몰려 나가면 교사는 어떻게 지도해야 할까?'라는 토의 주제를 도출했다.

→ '댓글 달기 활동처럼 학생 모두가 발표할 수 있는 방법은 무엇이 있을까?'라는 토의 주제를 도출했다.

- 학생마다 발표 횟수에서 편차가 있었다. 한쪽은 발표가 잦았던 반면에 다른 한쪽에 앉은 학생들은 상대적으로 발표 횟수가 적었다.

→ '어떻게 발표를 잘 안 하는 학생을 독려할 수 있을까?'라는 토의 주제를 도출했다.

- 학생들이 편하게 던진 말들을 교사가 정리하여 판서했다.
- 모둠별로 시집을 읽고 그중 한 편을 골라 작은 칠판에 적는 활동을 할 때 작은 칠판에 옮겨 적는 과정에서 모둠 활동에 함께하지 않는 학생이 있었다. 두 모둠은 모든 학생들이 집중해서 참여했다. 하지만 나머지 모둠에서는 한 학생이 작은 칠판에 시를 적는 동안 다른 학생들은 멍하니 있거나 시집을 마저 읽는 모습을 보였다.
→ '모둠활동을 할 때 무임승차하는 학생을 줄일 수 있는 방법은 무엇일까?'라는 토의 주제를 도출했다.
- 칠판에 댓글 달기 활동에서 학생들이 모두 적극적으로 참여하는 모습을 보였다.

2. 토의 주제 모으기
  (수업 관찰에서 도출한 토의 주제와 관찰자의 수업 고민에서 나온 토의 주제를 모음)
1) 발표하고자 하는 학생이 많을 때 발표는 언제까지 시켜야 하는가?
2) 모둠 활동 시간이 끝났음에도 모둠 활동을 마치지 못한 모둠은 언제까지 기다려 주어야 하는가?
3) 학생 전체가 앞으로 나와 활동해야 할 때 학생들이 우르르 몰려 나가면 교사는 어떻게 지도해야 할까?
4) 학생 모두가 발표할 수 있는 방법은 무엇이 있을까?
5) 어떻게 발표를 잘 안 하는 학생을 독려할 수 있을까?
- 비록 손을 안 들었더라고 발표할 수 있는 학생을 교사가 지목하여 발표시키는 방법도 있다.
6) 서로 듣는 관계를 가능하게 하는 것은 무엇일까?
7) 모둠 활동을 할 때 무임승차하는 학생을 줄일 수 있는 방법은 무엇일까?

라. 토의 주제 함께 말하기(전체 협의)

● 누가 교사/학생 이해, 관계	● 무엇 교육과정, 수업 목표	● 왜 교육철학, 수업관	● 어떻게 수업 방법, 기술
수업에 참여하지 않는 학생을 교사는 어느 선까지 끌어가야 할까. 어떤 태도와 마음으로 대해야 할까?	학생들과 함께 만들어 가는 수업을 위해 교사는 어떻게 해야 하나?		발표를 독려할 수 있는 방법은? 학생 반응을 효율적으로 표현하는 방법은? 모둠활동 시 무임승차 줄이는 방법은? 모두가 참여할 수 있는 방법/ 즐기게 하기 위한 방법은?

▶ 누가-교사 학생이해 교사 학생 관계

Q. 수업에 참여하지 않는 학생을 어느 선까지 끌어가야 할까, 어떤 태도와 마음으로 대해야 할까?

- 황소연 다양한 이유와 상황(학습 능력 부족, 너무 앞서 나가는 학생, 교사의 말에 집중하지 못하는)으로 참여하지 못하는 학생이 있어 어떻게 해야 할지 고민.
- 홍유민 1학년은 능력차가 많음. 잘해서 빨리하고 노는 친구, 너무 느려서 하지 않고 노는 아이가 있음. 잘하는 친구가 도와주는 시스템(또래 선생님), 타임아웃 제도 실시.
- 함유찬 학생이 허용하는 범위, 아이가 마음을 여는 선까지만 끌어감. 아이의 마음을 여는 방법을 고민해야 하는데 교사와 아이의 관계가 중요.
- 지영하 학생의 수준차를 파악하여 플랜B 마련-늦된 친구 미리 준비시키기, 빠른 친구를 위한 과제 준비, 아이와 교사와의 관계가 중요.

▶ 어떻게-수업 방법, 기술

Q. 발표와 반응 등 수업 참여를 높이는 방법에 대하여
- 장정원 아이에 능력에 따라 참여의 수준과 방법이 다르다. 교사가 가진 한 가지 기준을 갖고 참여 여부를 판단하는 것이 과연 옳을까? 참여의 개념에 대해 다시 생각해 보자.
  모둠활동을 많이 하는데 아이들마다 참여의 수준과 방법이 다름을 교사도 인지하고 아이들에게도 이해하도록 해야 하지 않을까.
- 함유찬 아이들을 잘 살펴 발표 의욕은 있으나 자신이 없는 친구를 지목하는 방법.
- 예민지 모둠 전체가 발표를 하면 모둠 점수.
- 홍유민 바구니 1 발표 전 이름표, 바구니 2 발표 후 이름표, 바로 발표를 하지 못하는 친구는 조금 더 시간을 주고 준비한 후 발표하도록.
- 지영하 돌아가면서 발표, 다른 친구와 같은 내용 답도 받아주며 수용 범위를 넓혀 줌.
- 오윤미 자신의 것이 아니라 옆의 친구 것을 발표하도록 함.

▶ 무엇-교육과정, 수업 목표

Q. 학생들과 함께 만들어 가는 수업을 위해 교사는 어떻게 해야 할까?
- 장정원 교사가 먼저 즐기고 좋아하는 내용을 찾는 것이 중요.
- 지영하 수업의 재료를 아이들 속에서 찾도록 함으로써 공유, 참여율 높임. 아이들의 시, 교사의 일기, 아이들의 작품 등 우리와 관계 맺고 있는 사람의 무언가를 활용.

마. 수업자 소감 나누기

- 이상미 수업나눔을 통해 좋은 말씀을 해 주셔서 감사드린다. 오늘 수업나눔이 그간 통상적으로 해 오던 수업협의회처럼 수업자에 대한 잘잘못을 판단하는 데 머물지 않고 수업에서 발견한 문제점이나 의문점을 서로 나누고 나의 문제로 가져가 함께 해결 방법을 찾아가는 방법이 매우 생산적이란 생각이 든다.

   수업이든 학급 경영이든 가장 중요한 것은 결국 교사와 학생, 학생과 학생 사이의 관계이다. 좋은 관계 속에서 행복한 배움이 일어난다는 것을 난 교직 경험을 한참이나 한 뒤에 알게 되었는데 우리 학교의 젊은 선생님들은 이미 그 사실을 알고 계신 듯해서 동료 교사이자 학부모로서 감사하다.

바. 수업나눔 참여자 소감 나누기

- 김영국 수업 두레와 수업 참관을 통해 배워 가는 시간이 의미 있고 교실에서 적용하기 위해 노력하게 되는 계기가 되어 감사한 마음을 갖게 된다.
- 조성화 소담초의 수업과 수업협의회 문화를 보게 되어 좋았고 공적인 영역의 수업협의회 문화를 보며 얼마나 많은 노력을 기울였을지 알게 되어 감사하고 감탄함.

치열한 수업 두레 수업 공개 장면

마지막 과정은 4과정과 하루 간격을 두고 이루어졌다. 마침, 이 과정은 축제 과정 중 일부를 공개한 후, 교직원이 모두 모이는 다모임으로 기획되었기에 큰 행사를 준비하고 마무리해야 하는 과정에 던져진 선생님들이 물리적으로 벅찰 수밖에 없는 일정이었다. 축제 기간이라 7교시까지 시장이 운영되었는데 아이들을 하교시키기 무섭게 행사가 시작되었다(축제에 관한 내용은 다른 편에서 자세히 다루어지므로 토크 콘서트 현장만 담는다).

　　탁월한 진행자와 서로를 바라보고 앉는 장소와 구조, 적절한 음향, 갈증을 지원하는 음료, 다른 때보다 더 많이 모인 소담 식구들. 이미 공연의 서막이 흥행을 알린다. 이름하여 소통 낙서. 가감 없이 나의 이야기를 전하고 너를 읽어 내는 작업들. 느슨하고 넓게 만날 수 있

토크콘서트 '소통낙서'

는 서로의 존재와 관계를 다시 생각한다. 성장의 욕구와 교육을 화두에 두고 치열하게 지내 왔다면, 오늘만큼은 그것을 함께하고 있는 동료들의 이야기를 듣는다. 다른 학교 선생님들이 철저히 외부자로 과정을 바라봐야 했지만, 과정을 꾸리며 단단해지고 서로를 확인하는 우리의 작업도 놓칠 수 없다. 진솔함과 유쾌함 덕에 외부적 관점에서 들여다보는 이들은 잊고 과정에 몰입한다. 이렇게 다섯 과정이 끝나간다.

후기, 그 생생한 기록

연수의 효과와 평가가 궁금한 것은 업무 담당자로서 당연한 마음일까. 기획에서 평가까지가 때론 세상에서 가장 먼 거리 같다. 본 원고를 정리하면서 몇 분께 후기를 요청했다. 그 전에 소회를 먼저 전해 오신 분도 있다. 이런 상황과 아래 글의 내용으로 유추해 볼 때 소담초의 연수원학교는 처음의 우려와 기대 그 이상의 의미를 제법 담아낸 듯하다.

[1과정] 연석회의와 소담 세바시 후기

이미화(연양초등학교 교감)

안녕하세요.

엊그제 연수는 실전을 익히고, 감동이 있는 시간이어서 좋았습니다. 그동안 수고 많으셨고요. 그런 선생님들의 수고로 소담은 조용하면서도 교육가족 모두가 행복한 곳이구나 하는 느낌을 받았습니다. 이번 연수도 참여하고 싶은데, 저희 학교에서 하는 연수와 겹쳐 아쉽습니다. 행복한 세종의 아이들로 성장하도록 수고하심에 응원을 보냅니다.

[2과정] '학습의 사회적 특질' 강의 후기-수강생의 창조

박동섭(독립연구자)

어제는 명저名著 『어쩌다 혁신학교』의 대표저자 정유숙 선생님의 의뢰로 세종시에 있는 소담초등학교에 강의를 갔다 왔다. 우리 집에서 약 275.5킬로미터 떨어져 있는 곳에 위치한 곳이다. 소담초등학교에서 강의가 있었음에도 소담초등학교 구성원은 열네 명 정도에 불과했고 세종시내에 있는 여러 유치원부터 초등학교 그리고 중학교 교사들이 수강생으로 다수 참여한, 나에게는 생애 첫 경험의 강의였다(보통은 단위학교에서 강의를 하면 해당단위학교 구성원들이 수강생들의 대부분을 차지한다). 약 2시간 30분 동안 쉬지 않고 달린 질풍노도의 시간이었다(11시쯤 귀가하였는데 몸이 솜뭉치처럼 되었다).

어제 강의에서는 강의 시작 전에는 그런 의도를 갖고 있지 않았지만 강의를 한참 하다 보니까 '어떤 결핍감의 창조' 혹은 '어떤 욕망의 창조'를 위해 전력투구하고 있는 나 자신의 모습을 발견할 수 있었다. 여기서 말하는 '어떤 결핍감의 창조'는 수강생들이 기존에 갖고 있던 '이미 존재하고 있던 수강요구'를 만족시켜 주는 것과는 전혀 별개의 일이다.

그것이 아니라 전혀 이런 종류의 강의를 듣고 싶은 욕구가 없는 강의였는데 (왜냐하면 그런 종류의 강의가 이 세상에 존재한다고 생각한 적이 없기 때문에) 강의를 한참 듣다 보니까 마치 오래 전부터 이런 강의를 듣고 싶었던 혹은 이런 강의를 듣지 못했던 것에 대한 '결여감' 혹은 '결핍감'을 사후적으로 느끼게 만들어 주는 것을 의미한다. 그런데 돌이켜 보면 어제 강의만 그랬던 것이 아니라 지금까지의 내 강의는 늘 수강생들의 '새로운 수요의 창조' 혹은 '새로운 욕망의 창조'였다.

　카뮈의 『이방인』, 『페스트』와 같은 우리가 이른바 '고전'이라 부르는 여러 명저들은 지금도 서점의 서가를 채우고 있는데 그러한 책이 역사의 도태 압력을 견디고 살아남은 것은 동시대의 시장의 수요에 응했기 때문이 아니다. 전연 그렇지 않다. 니체가 쓴 『차라투스트라는 이렇게 말했다』 제4부는 자비출판으로 40부가 인쇄되었고 세상에 나온 것은 고작 7부에 지나지 않았다고 한다. 『적과 흑』의 말미에 스탕달이 'To the Happy Few'라고 영어로 표기한 것은 동시대의 독자의 호응을 얻을 수 없음을 각오하고 있었기 때문이다.

　미셸 푸코는 『말과 사물』을 출판할 때 이 책 내용을 이해할 수 있는 독자를 프랑스 국내에서 최대 2,000명으로 보았다. 그들의 책은 동시대인의 '이미 존재하고 있었던 요구'에 대응하지 않았다.

　그런데 그러한 책이 출현함으로써 세계는 그 책이 출현하기 전과는 다른 곳이 되었다. 그러한 책은 동시대의 독자의 욕망에 대응하지 않고, 동시대 사람들의 리터러시literacy를 훨씬 넘어섰다. 그래서 그러한 책이 살아남기 위해서는 '그러한 책을 찾는 독자', '그러한 책을 읽을 수 있는 독자'를 창조하는 것으로부터 시작할 수밖에 없는 노릇이다. 책이라는 것은 이처럼 생성적인 것이다.

진정한 의미에서의 '고전'이라는 이름에 걸맞은 책은 그것이 쓰일 때까지 그러한 책을 읽고 싶다고 생각한 독자가 없었던 책을 가리킨다. 좋은 책은 그것을 읽고 싶은 독자 그리고 그것을 읽음으로써 쾌락을 얻는 독자를 창출해 내는 것이지, 이미 존재하는 독자의 독해 능력과 욕망에 맞추는 것에는 별 관심이 없다. 훌륭한 문학작품은 동시대의 사전에는 존재하지 않는 어휘꾸러미에 리얼리티를 부여해서 아무도 몰랐던 개념의 의미를 이해시켜 준다. 독자들을 그들이 갇혀 있는 사고와 감성의 우리로부터 끄집어내어서 이질적인 세계를 보여 준다.

문학도 철학도 혹은 자연과학 책도 그 가치는 '세계에 대한 충격도'에 의해서 가치가 매겨지는 점에서는 차이가 없다. 사람들이 안주하고 있는 세계에 균열을 내어서 본 적도 들은 적도 없는 것이 거기서부터 들이친다. 그것은 공포와 불안의 경험이기도 하고 동시에 해방과 유열愉悅의 경험이기도 하다. 그것을 가능하게 하는 것이 바로 '문학'과 '사상서'의 힘이다. 그런 면에서 어제 소답초등학교에서의 강의는 일종의 '교육학' 강좌를 가장한 '철학'과 '문학'과 '사상'을 넘나들고 이동하는 월경越境 강의였다.

연수원학교 후기

김영국(소담초등학교 교사)

사람들은 일반적으로 조금 좋아 보이거나, 새로움 즉 신선함을 느낄 때 '이것은 좀 다르다'라는 표현을 많이 쓴다. "다르다"의 뜻 중에는 '보통의 것보다 두드러진 데가 있다'라는 뜻이 있다. 연수원학교를 하나의 단어로 표현하자면 나는 '다르다'라는 단어를 고를 것이다. 그동안 들었고, 보았고, 느꼈던 학교와 소담초는 분명히 다른 점을 가지고 있다고 생각하기 때문이다. 그리고 연수원학교는 다름을 만들어 내고 있음을 더욱더 깨닫게 되었던 계기가 되었다. 이에 연수원학교를 통해 느꼈던 점들을 기록하여 본다.

연수원학교에서 가장 기억에 남는 부분은 다른 학년의 교실마실, 수업 두레의 수업나눔이다. 먼저 다른 학년의 교실마실이 인상 깊었던 첫 번째 이유는 각 공동체의 철학이 녹아 있고 그 철학을 계획하여 학생을 대상으로 녹이는 모습이 너무 좋았다. 학생들의 성취기준을 놓치지 않으며 교사의 전문성을 신장시키는 모습이 이상적인 학교의 모습이라 생각하기 때문이다. 두 번째 이유는 연수원학교를 통해 본 여러 전학공들은 단순히 보여 주기 위한 전문적학습공동체가 아니었기 때문이다. 만약 온전히 성과를 위했다면, 선생님들의 마음가짐에서 학생을 위하는 마음을 느끼지 못했을 것이다. 결과 이 모든 것은 학생에게 초점이 맞춰져 있었으며, 학생을 위한 교육이었다. 연수원학교는 소담초의 여러 전학공의 실제를 보여 주었고 그것이 정말 효과적이고 앞으로 나아갈 방향임을 깨닫게 했다.

다음으로 연수원학교를 통해 느낀 것은 교사들의 열정이다. 보통의 생각에는 '공무원들은 하는 일 없이 시간을 보낸다'라는 마인드나, '선생님들은 퇴근도 일찍 하고, 애들 돌보는 게 뭐가 어렵나'는 마인드가 드는 것이 국민 정서의 한 부분이라 생각한다. 하지만 연수원학교를 통해 내가 알게 된 학교 현장은 학교에서 아이들과 교육을 위해 치열하게 힘쓴다는 것이었다. 소담초 선생님들께서는 올바른 교육에 대한 논의나 교육에 대한 열정이 끊이질 않는다. 물론 열정만으로 모든 것을 이룰 수 없다. 하지만 열정 없이는 아무것도 이룰 수 없다.

마지막은 배움이다. 각 학년 교실마실의 결과 발표, 두레의 결과물 발표 등을 통해 교사로서의 배움이 일어났다. 또한 소담초 선배 선생님들께서 얼마나 노력하고 계시는지 알 수 있었다. 교사의 전문성을 발휘한 각 학년의 특색 있는 활동들은 너무나도 놀라웠고, 이것들을 통해 학생의 성장, 변화가 있었다는 것이 또 놀라웠다. 연수원학교를 통해 본 학생들의 모습은 달라 보였다. 어찌 보면 그 정도야 소소한 것이라고 넘길 수 있을지 모른다. 하지만 실제 그것을 계획하고 운영하여 피드백하는 경험을 해 본다면 쉽게 말할 수 없을 것이다. 나는 소담초의 모든 선배 선생님들의 노력 덕분에 학생들이 좀 더 질 좋은 수업, 참여하는 수업, 배움 있는 수업을 경험할 수 있었다고 생각한다.

연수원학교는 학교 안에서 교사들의 교육을 위한 치열한 전투를 보여 주었다고 생각한다. 하지만 그것은 단순히 보여 주기 위해서가 아니라 실제 학교에서 이루어지는 실제적인 교육이었으며, 그것을 위해 힘쓰는 교사들의 열정의 결과물이라 생각한다. 다시 한 번 교육을 위해 학생을 위해 끊임없이 연구하고 노력해야 함을 깨달았다. 마지막으로 연수원학교를 준비하신 모든 선배 선생님들께 너무나도 감사를 전하고 싶다.

[4과정] 수업 두레 후기

우상균(세종특별자치시교육청 장학사)

어제는 소담 수업을 보게 되어서 행복한 시간이었어요. 오랜만에 아이들 모습도 보고. 아래부터는 그냥 내 생각이에요. 두레 협의록을 보고 '참 귀한 자료다'라는 생각을 했어요. 수많은 고민의 지점들과 수업의 방향 설정. 그동안 유숙샘과 이야기를 나누면서 느꼈던 많은 내용들이 소담 선생님과 나눈 이야기 속에 있는 것 같아서 유숙샘이 그동안 얼마나 고민했겠는가 하는 고뇌를 느낄 수 있었어요. 수업 과정안과 관찰지 등도 선생님들과 꼭 필요한 항목들을 고민해서 만든 것 같고. 수업 두레가 완성은 아니라고 하지만 다른 학교가 이 정도만 해 줘도 좋겠다는 절심함을 또 느끼고 왔어요. 수업 협의를 좀 더 볼 수 있었으면 좋았을 텐데, 참관 소감만 말하고 나올 수밖에 없어서 안타까웠고요.

잘했는데도 아쉬움이 항상 있는 것은 어쩔 수 없나 봐요. 소담이 더 앞서 나가기를 바라는 마음일 수도 있고. 수업을 계획대로 잘하는 것을 우선으로 보는 관점도 있지만, 나는 요즘은 '교사'와 '학생'을 보고 싶은가 봐요.

- 수업 속에서 '교사', '학생'의 의미를 어떻게 이해하고 있는지.
- 수업 속에서 교사와 학생, 학생과 학생의 경청과 공감하는 모습.
- 덴마크의 공감능력을 키우는 수업(주 1회)을 보고, 내가 고민
  했던 부분이구나 생각했어요.
- 야누슈 코르착도 학생들의 자치 법정에 여러 번 올랐다고 하더
  라고요. 학생을 그리도 사랑하고 존중하고 아끼고, 마지막까지
  함께한 그도 학생들의 모두를 이해하지 못했던 적도 많았나
  봐요.
- 페북에 올린 적이 있는데, 어떤 교장 선생님 이야기인데, 그 선
  생님은 학교를 매우 민주적으로 운영하고 있다고 생각하셨어
  요. 하지만 교사들은 불만이 많았어요. 종종 여러 사람들 있을
  때, 본인은 관리자로 있으면서 학생들과 교사들을 중심에 두고
  학교를 경영했다고 하셨는데, 그분은 퇴임 때까지 본인이 민주
  적인 경영자라고 생각하셨을 거예요.
- 우리가 생각하고 있는 것이 정말 그렇게 표현되고 있는지 많은
  이야기를 나눌 필요가 있다고 생각해요.

어떤 분이 그랬어요. 꼰대가 되지 않으려면 계속 공부를 해야
한다고. 그래서 공부를 계속해야 하나 봐요.^^ 어렵다 공부.

연수원학교 후기

황소연(소담초등학교 교사)

처음 연수원학교에 대해 들은 것은 내가 발령이 난 지 얼마 안

되었을 때의 일이었다. 그 당시에 나는 학교에 적응하기 위해 부단히 노력하고 있었다. 선배 선생님들께서는 그럴 필요가 없다고 말씀하셨지만 학년 초가 아닌 중간에 발령이 난 데다가 학교에서 일한 경험이 전무해서 더욱 조바심이 났기 때문이다.

그러던 차에 우리 학교에서 연수원학교가 진행된다는 소식을 들었다. 어떠한 과정인지 궁금해서 교육과정 안내를 읽어 보았다. 교육 목표를 보니 '실제 학교 운영 전반을 연수 과정으로 편성하여 혁신학교 제반 이해'라고 적혀 있었다. 그것을 보고 이 연수는 정말 나에게 필요한 것이겠다는 생각이 들어 바로 신청을 했다. 일단 '실제 학교 운영 전반'을 보여 주기 때문에 우리 학교가 어떻게 운영 되는지 전반적인 시스템을 알 수 있을 것이고, 다음으로 '혁신학교'란 과연 무엇인지 진정으로 배울 수 있을 것 같다는 생각이 들었기 때문이었다.

신규 교사에게 '혁신학교'란 굉장히 미스터리한 존재이다. 혁신학교의 대략적인 의미는 알지만 자세히 알려고 할수록 어렵다. 일단 교사 개인이 처리할 업무가 거의 없다는 점이 당장 눈에 띄고 좋았던 점이지만 혁신학교가 무엇이냐고 묻는 학부모님께 그렇게만 설명할 수는 없는 노릇이었다. 특히 내 경우에는 그 전까지 학교에서 일해 본 경험이 없어 우리 소담초등학교와 비교해 볼 다른 학교에서의 경험이 없기 때문에 혁신학교에 대한 심도 깊은 이해가 더욱 어려웠다.

소담초등학교의 연수원학교 다섯 과정은 이러한 나의 궁금증을 충분히 해소시켜 주었다. 먼저 교육 3주체가 모두 참여하는 회의나 다른 학년의 교실마실, 수업나눔 등 평소라면 내가 참여하거나 참관하기 힘든 것들을 연수원학교 과정을 통해 볼 수 있었다. 그동안은 교실마실이나 두레에 참여할 때 내가 하는 활동이 학교에 어떤 도움이 되고 어떤 영향을 미치는지 모른 채 작은 톱니바퀴로서 열심히 돌아가는 데에만 열중했었다. 하지만 연수원학교 이후에는 내가 하는 활동들이 어떤 의미를 지녔는지 알기 때문에 더 이상 톱니바퀴를 돌리는 데 급급하지 않을 수 있었다.

다음으로 혁신학교를 만들어 온 여러 사람들의 이야기를 직접 들을 수 있었다. 신규 교사가 교장 선생님과 교감 선생님을 비롯한 학교의 선생님들과 교사 외의 학교 구성원들께 혁신학교에 대한 이야기를 직접 들을 수 있는 기회가 얼마나 있을까. 기껏해야 같은 학년 선생님과 이야기 나눌 수 있는 게 전부일 것이다. 하지만 연수원학교에서는 그게 가능했다. 강연도 들을 수 있었고, 다 같이 둘러앉아 토크콘서트도 했다.

이렇듯 다섯 가지 과정은 모두 뜻깊고 유익한 시간이었다. 하지만 제4과정은 그중에서도 특히 기억에 남았다. 제4과정의 수업나눔은 내가 속한 수업 두레에서 만든 결과물이 반영된 것이기 때문이었다. 우리 학교만의 수업나눔 방식을 만들기 위해 두레에서 몇 차례의 긴 회의를 했었다. 만드는 과정에서는 힘들 때도 있었지만 수업나눔 방식을 완성해 연수원학교 제4과정에서 우리 학교 선생님과 다른 학교 선생님들에게 선보였을 때는 정말 뿌듯했다.

이렇게 제4과정을 수업 두레의 선생님들과 함께 준비했기 때문에 연수원학교를 운영하기 위해 얼마나 많은 선생님들의 노력이 들어갔을지 느낄 수 있었던 것 같다. 사실 처음에 연수원학교를 듣겠다고 신청할 때는 교육청이 아닌 학교 자체에서 만들어 나가는 연수라는 게 얼마나 대단한 것인지 몰랐다. 하지만 내가 속한 학교였기 때문에 그 대단함을 한층 더 잘 느낄 수 있었다.

신규 교사의 입장에서 이번 연수원학교는 정말 좋은 기회였다. 내가 직접 발품 팔아 보고 듣고 다녀도 파악하기 힘든 우리 학교를 다섯 과정 속에서 일목요연하게 파악할 수 있었기 때문이다. 하지만 우리 학교뿐만 아니라 다른 학교의 신규 교사들에게도 이 연수를 추천해 주고 싶다. 특히 '혁신학교'가 무엇인지 아직 잘 모르겠다는 교사들에게 말이다. 연수원학교 다섯 과정을 다 듣고 나면 '혁신'이란 무엇인지 몸소 느낄 수 있을 것이다.

[5과정] '토크콘서트' 진행 후기

최홍준(소담초등학교 교사)

함께해서 즐거웠던 소담인의 낙서.

혁신학교라면 으레 당연하게 여겨지는 무수한 회의와 논의, 또 당연히 학교, 학생, 교육에 대해서만 이야기한다. 모처럼 거기에서 벗어나 우리끼리의 가벼운 이야기를 해 보았다. 서로 얼굴을 관찰하며 초상화도 그려 주고, 자신의 신체 부위를 자랑하고 노래 실력도 뽐냈다. 진행을 하다 모두의 얼굴을 보며 확실히 느꼈다. 사람 사는 이야기, 바로 옆에 있는 당신의 가벼운 이야기만으로도 웃음꽃이 피었다. 그것만으로도 충분히 의미 있는 시간이었다.

[5과정] 토크콘서트 후기-뻔하지 않은 뻔뻔한 토크콘서트

김현진(소담초등학교 교사)

토크콘서트. 형식도 내용도 낯선 방식이다. 더욱이 소담초 연수원학교의 한 꼭지로 자리 잡혀 있었다. 소담초의 연수원학교 전체 과정이 이런 식이었다. 내가 경험한 다른 학교의 연수원학교 운영방식과는 매우 차별성이 있으면서 독특했다. 강의료 주기도 애매하고 이전에는 누구도 시도하지 않았던 '세바시'(세상을 바꾸는 시간), 학생, 학부모, 교사가 함께 회의를 하는 3주체 연석회의, 수업협의회의 전 과정을 보여 주고, 학교 축제에 참여해 보는 방식으로 진행이 되었다.

소담초 연수원학교의 운영방식이 소담초를 잘 말해 주는 듯했다. 누구도 시도하지 않았던 것을 시도하고, 때로는 비난받을 것을 뻔히 알면서도 시도하는, 현시대의 사람들이 낯설어하는 방식의, 그래서 체계가 없어 보일지도 모르는 것이 소담초다. 그래서 시간을 넘어 온 사람들과 현시대의 혹은 구시대의 사람들의 토론이 끊임없이 일어나고, 서로가 더 잘할 거라고 싸워 댄다. 누군가가 이런 말을 했다.

"소담초는 업무전담팀이 있어서 내가 할 업무조차 해 주고, 담임인 나는 업무가 없잖아. 그래서 고마운 마음에 아이들에게 더 최선을 다하게 되고, 학급운영과 수업을 잘해야 한다는 책임감이 들어. 근데 나는 이전 학교에서보다 훨씬 더 빨리 달리고 있는데, 옆을 보면 더 빨리 달려 나가는 사람이 있어. 그래서 지칠 때도 있어."

교사회나 다모임 등의 회의들이 시끄럽고 다투는 것처럼 보일 때도 있는데 속을 들여다보면 학교를 위해서, 아이들을 위해서 더 잘하기 위한 다툼이다.

교장 선생님께 이렇게 물은 적이 있다.

"다음 학교는 혁신학교 싫으시죠? 선생님들끼리 너무 싸우지 않나요?"

"아이고, 다들 잘하려고 하는데 어떻게 해. 자식들끼리 잘하려고 싸우는 데 어느 자식 하나 미운 자식이 있겠어?"

우문현답이다.

토크콘서트를 준비하며 사회를 보게 된 최홍준 선생님이 걱정이 많았다. 무엇으로 내용을 채울 것인가? 소담초에 처음 오는 연수생과 소담초 선생님들의 공감대를 형성할 수 있는 것이 무엇일까? 그리고 그 공간을 너무 가볍지도 무겁지도 않도록 어떤 공기로 채울 것인가 고민을 했다. 가볍게 아이스브레이킹을 하고 서로에 대한 이야기를 나누어 보는 것으로 내용을 정했다.

솔직히 나는 걱정은 되지 않았다. 일단 최홍준 선생님의 진행력은 자타가 공인한다. 토크콘서트는 참여자가 성패를 좌우하는데, 결국 소담초 선생님들이 참여할 것이기 때문이다. 그 공간에 있는 누군가는 최홍준이라는 사람을 아끼는 마음에 적극 참여하여 분위기를 띄울 것이고, 또 다른 사람은 학교에 대한 자부심으로 참여할 것이다. 분위기가 이게 아니다 싶은 순간에는 동료를 위한 마음으로 기꺼이 망가지는 사람이 있을 것이다. 내가 아는 소담 공동체는 그런 공동체다.

토크콘서트는 서로의 얼굴을 바라보며 한 획 자화상 그리기로 출발하여 서로에 대해 이해할 수 있는 질문과 답변으로 이어져 나갔다. 자신을 나타내는 노래를 프로페셔널하게 부른 양정열, 장정원 선생님, 소담초를 나타내는 것이 무엇이냐는 것에 황미애 교장 선생님의 캐리커처를 그린 김윤희 선생님. 나를 힘들게 하는 것은 '양 옆반 선생님'이라는 홍유민 선생님의 고백. 그리고 쓰레기 분리수거를 잘하고 아이들의 모범이 되는 선생님이 되라는 송인춘 주무관님의 애정어린 질타에 다들 토를 달지 못한다.

그 자리에 있었던 외부 사람들은 어떨지 모르겠지만 토크콘서트와 소담초의 연수원학교는 '소담초와 그 안의 삶에 대한 이야기'였던 것으로 생각된다.

세상 어디에도 없는 연수

매월 마지막 월요일, 소담초 교직원은 한데 모인다. 이름하여 다모임. 다모임 담당자로서 나는 그날 다루어질 안건에 따라 시선을 어디에 둘지 고려하여 좌석을 배치한다. 2018학년도 마지막 다모임은 책상 없이 원형으로 둥글게 의자만 깔았다. 참석 인원은 어디까지나 예상이기 때문에 정확히 개수를 맞추기가 쉽지 않다. 모둠형이나 ㄷ자형으로 배치할 때는 혹 좌석이 부족하더라도 해당 행이나 열로 배치된 탁자 끝에 의자 몇 개를 끼워 앉으면 된다. 그런데 의자를 원형으로 두니 한 개를 더 넣거나 빼기 위해 모든 의자의 간격 조정이 필요하다. 그 틈 사이를 조절하는 일에 집중하다 보니 금세 적지 않은 시간이 흐른다.

의자 배치에 난감해 하는 표정의 선생님들이 속속 자리에 앉은 뒤, 서로를 둘러본다. 50명 가까이 되는 이들이 모이면, 눈길 한 번 서로 건네지 못하고 같은 공간에 머물다가 흩어지는 경우가 있다. 옆모습, 뒷모습만 보이고 보여 주다가 오늘은 온전히 서로의 얼굴을 본다. 팔 기대거나 하체를 가려 줄 탁자도 없으니 사람마다의 몸짓도 새삼 새로워 보인다. 보여 주고 싶지 않아도 나를 보이게 된다. 보려 하지 않았던 것들도 보게 된다. 낭만적으로 표현하자면 곁을 내어 주고 틈을 조정하며 물들어 간다. 공문체로 표현해 보자면 서로의 간섭 효과와 영향권에 들게 된다. 뭐가 됐든, 구성원이 된다는 건 그런 거다.

학교 민주주의를 통해 아이들을 민주시민으로 자라게 해야 한다고 하지만, 학교 안 누구도 민주시민으로 살아 본 경험이 많지 않다. 대화와 회의는 그 집단의 수준을 드러내는 가늠자이다. 서로 다른 의견들, 혹은 주제에 맞지 않고 예의를 갖추지 못한 말들, 공적 언어의 옷을 입지 못한 말들이 물론 소담의 회의에서도 발견된다. 그러나 적어도 소담에는 우리에게 필요한 것을 성찰하고, 바꾸고 또 지키려는 마음과 그런 문화가 있다. 그래서 오가는 말들이 다가 아니다. 요구하는 사람이 아니라 우리의 화법으로 전환하는 사람들이 있고, 그것을 실천하려는 사람들이 있다. 그 실천은 다음 변화를 이끌며, 과정을 지켜본 사람들이 이제 새로운 동기와 경험을 갖게 된다. 집단의 경험과 공유는 복합적이고 연속적으로 이루어진다. 민주시민은 이 경험에 흠뻑

젖을 때 보다 가까워진다.

학교자치의 시대에서 학교민주주의는 '어떻게'가 될 테고, '무엇'은 그 학교에서 구성원들이 과정을 거쳐 만들어 가는 것이 될 테다. 소담에는 매일의 실천에서 이런 감각을 잃지 않을 수 있는 분위기가 있다. 맥락에서 개인적으로 동떨어지기 어려운 구조와 장치가 마련되어 있다. 그리고 모여서 함께 도모하면 뭔가를 해낼 수 있음을 경험한 사람들이 있다.

'2년 차 혁신학교의 거의 모든 것'이라는 과정에서 소담이 보여 준 것은 내용과 방법을 넘어 이처럼 현장과 일상을 통해 드러나는 학교의 문화일 것이다. 우리 사는 방식으로 우리 사는 모습을 보여 주는. 그래서 평범하지만 위대함이 있다. 그러고 보면 소담초 구성원들은 '학교자치, 어떻게?'라는 물음에 대해 이미 답을 갖고 있는 셈이다. 그것을 가능케 하는 일련의 과정들을 보여 준 소담초 연수원학교 과정은, 분명 세상 어디에도 없는 연수였다.

글쓴이 소개

고은영
그저 소박하게 곁의 사람들과 서로 사랑하며 살고 싶은 교사.

권찬근
교육과정의 주인공, 재밌는 인생, 후회하지 않는 삶을 지향하는
권쌤.

양정열
어른스러워 보이지만 순수하고, 무심해 보이지만 섬세한, 한마디
로 정의하기 힘든 사람입니다. 나이만 먹은 어른이 아니라 자신만
의 철학으로 세상을 바라보고 선한 영향력을 가진 진짜 어른이
되고 싶습니다.

유우석
공저로 『어쩌다 혁신학교』가 있으며, 가장 더디어 보이는 교육이
세상을 바꾸는 가장 빠른 방법이라고 믿는 소담초등학교 교사.

임하빈
그저 아이들이 좋아 '교사'란 꿈을 꾸게 되었고 지금은 그 꿈을
이루어 아이들과 일상을 함께하며 아이들로부터 배우고 성장하
는 교사입니다.

정유숙
서로의 그림자를 그늘 삼아 머무는 곳에서 지금을 잘 살고 싶은
교사입니다.

삶의 행복을 꿈꾸는 교육은 어디에서 오는가?

미래 100년을 향한 새로운 교육 · 혁신교육을 실천하는 교사들의 **필독서**

▶ 교육혁명을 앞당기는 배움책 이야기
혁신교육의 철학과 잉걸진 미래를 만나다!

한국교육연구네트워크 총서

01 핀란드 교육혁명
한국교육연구네트워크 엮음 | 320쪽 | 값 15,000원

02 일제고사를 넘어서
한국교육연구네트워크 엮음 | 284쪽 | 값 13,000원

03 새로운 사회를 여는 교육혁명
한국교육연구네트워크 엮음 | 380쪽 | 값 17,000원

04 교장제도 혁명
한국교육연구네트워크 엮음 | 268쪽 | 값 14,000원

05 새로운 사회를 여는 교육자치 혁명
한국교육연구네트워크 엮음 | 312쪽 | 값 15,000원

06 혁신학교에 대한 교육학적 성찰
한국교육연구네트워크 엮음 | 308쪽 | 값 15,000원

07 진보주의 교육의 세계적 동향
한국교육연구네트워크 엮음 | 324쪽 | 값 17,000원
2018 세종도서 학술부문

08 더 나은 세상을 위한 학교혁명
한국교육연구네트워크 엮음 | 404쪽 | 값 21,000원
2018 세종도서 교양부문

혁신학교
성열관·이순철 지음 | 224쪽 | 값 12,000원

행복한 혁신학교 만들기
초등교육과정연구모임 지음 | 264쪽 | 값 13,000원

서울형 혁신학교 이야기
이부영 지음 | 320쪽 | 값 15,000원

혁신교육, 철학을 만나다
브렌트 데이비스·데니스 수마라 지음
현인철·서용선 옮김 | 304쪽 | 값 15,000원

혁신교육 존 듀이에게 묻다
서용선 지음 | 292쪽 | 값 14,000원

다시 읽는 조선 교육사
이만규 지음 | 750쪽 | 값 33,000원

대한민국 교육혁명
교육혁명공동행동 연구위원회 지음 | 224쪽 | 값 12,000원

한국교육연구네트워크 번역 총서

01 프레이리와 교육
존 엘리아스 지음 | 한국교육연구네트워크 옮김
276쪽 | 값 14,000원

02 교육은 사회를 바꿀 수 있을까?
마이클 애플 지음 | 강희룡·김선우·박원순·이형빈 옮김
356쪽 | 값 16,000원

03 비판적 페다고지는 세상을 변화시킬 수 있는가?
Seewha Cho 지음 | 심성보·조시화 옮김 | 280쪽 | 값 14,000원

04 마이클 애플의 민주학교
마이클 애플·제임스 빈 엮음 | 강희룡 옮김 | 276쪽 | 값 14,000원

05 21세기 교육과 민주주의
넬 나딩스 지음 | 심성보 옮김 | 392쪽 | 값 18,000원

06 세계교육개혁: 민영화 우선인가 공적 투자 강화인가?
린다 달링-해먼드 외 지음 | 심성보 외 옮김 | 408쪽 | 값 21,000원

대한민국 교사, 어떻게 가르칠 것인가?
윤성관 지음 | 320쪽 | 값 15,000원

아이들을 어떻게 가르칠 것인가
사토 마나부 지음 | 박찬영 옮김 | 232쪽 | 값 13,000원

모두를 위한 국제이해교육
한국국제이해교육학회 지음 | 364쪽 | 값 16,000원

경쟁을 넘어 발달 교육으로
현광일 지음 | 288쪽 | 값 14,000원

독일 교육, 왜 강한가?
박성희 지음 | 324쪽 | 값 15,000원

핀란드 교육의 기적
한넬레 니에미 외 엮음 | 장수명 외 옮김 | 456쪽 | 값 23,000원

한국 교육의 현실과 전망
심성보 지음 | 724쪽 | 값 35,000원

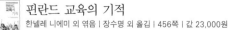

▶ 비고츠키 선집 시리즈
발달과 협력의 교육학 어떻게 읽을 것인가?

생각과 말
레프 세묘노비치 비고츠키 지음
배희철·김용호·D. 켈로그 옮김 | 690쪽 | 값 33,000원

도구와 기호
비고츠키·루리야 지음 | 비고츠키 연구회 옮김
336쪽 | 값 16,000원

어린이 자기행동숙달의 역사와 발달 Ⅰ
L.S. 비고츠키 지음 | 비고츠키 연구회 옮김
564쪽 | 값 28,000원

어린이 자기행동숙달의 역사와 발달 Ⅱ
L.S. 비고츠키 지음 | 비고츠키 연구회 옮김
552쪽 | 값 28,000원

어린이의 상상과 창조
L.S. 비고츠키 지음 | 비고츠키 연구회 옮김
280쪽 | 값 15,000원

비고츠키와 인지 발달의 비밀
A.R. 루리야 지음 | 배희철 옮김 | 280쪽 | 값 15,000원

수업과 수업 사이
비고츠키 연구회 지음 | 196쪽 | 값 12,000원

비고츠키의 발달교육이란 무엇인가?
비고츠키교육학실천연구모임 지음 | 412쪽 | 값 21,000원

비고츠키 철학으로 본 핀란드 교육과정
배희철 지음 | 456쪽 | 값 23,000원

성장과 분화
L.S. 비고츠키 지음 | 비고츠키 연구회 옮김
308쪽 | 값 15,000원

연령과 위기
L.S. 비고츠키 지음 | 비고츠키 연구회 옮김
336쪽 | 값 17,000원

의식과 숙달
L.S 비고츠키 지음 | 비고츠키 연구회 옮김
348쪽 | 값 17,000원

분열과 사랑
L.S. 비고츠키 지음 | 비고츠키 연구회 옮김
260쪽 | 값 16,000원

성애와 갈등
L.S. 비고츠키 지음 | 비고츠키 연구회 옮김
268쪽 | 값 17,000원

관계의 교육학, 비고츠키
진보교육연구소 비고츠키교육학실천연구모임 지음
300쪽 | 값 15,000원

비고츠키 생각과 말 쉽게 읽기
진보교육연구소 비고츠키교육학실천연구모임 지음
316쪽 | 값 15,000원

교사와 부모를 위한 비고츠키 교육학
카르포프 지음 | 실천교사번역팀 옮김 | 308쪽 | 값 15,000원

▶ 살림터 참교육 문예 시리즈
영혼이 있는 삶을 가르치는 온 선생님을 만나다!

꽃보다 귀한 우리 아이는
조재도 지음 | 244쪽 | 값 12,000원

성깔 있는 나무들
최은숙 지음 | 244쪽 | 값 12,000원

아이들에게 세상을 배웠네
명혜정 지음 | 240쪽 | 값 12,000원

밥상에서 세상으로
김흥숙 지음 | 280쪽 | 값 13,000원

우물쭈물하다 끝난 교사 이야기
유기창 지음 | 380쪽 | 값 17,000원

선생님이 먼저 때렸는데요
강병철 지음 | 248쪽 | 값 12,000원

서울 여자, 시골 선생님 되다
조경선 지음 | 252쪽 | 값 12,000원

행복한 창의 교육
최창의 지음 | 328쪽 | 값 15,000원

북유럽 교육 기행
정애경 외 14인 지음 | 288쪽 | 값 14,000원

▶ 4·16, 질문이 있는 교실 마주이야기
통합수업으로 혁신교육과정을 재구성하다!

 통하는 공부
김태호·김형우·이경석·심우근·허진만 지음
324쪽 | 값 15,000원

 내일 수업 어떻게 하지?
아이함께 지음 | 300쪽 | 값 15,000원
2015 세종도서 교양부문

 인간 회복의 교육
성래운 지음 | 260쪽 | 값 13,000원

 교과서 너머 교육과정 마주하기
이윤미 외 지음 | 368쪽 | 값 17,000원

 수업 고수들 수업·교육과정·평가를 말하다
박현숙 외 지음 | 368쪽 | 값 17,000원

 도덕 수업, 책으로 묻고 윤리로 답하다
울산도덕교사모임 지음 | 320쪽 | 값 15,000원

 체육 교사, 수업을 말하다
전용진 지음 | 304쪽 | 값 15,000원

 교실을 위한 프레이리
아이러 쇼어 엮음 | 사람대사람 옮김 | 412쪽 | 값 18,000원

 마을교육공동체란 무엇인가?
서용선 외 지음 | 360쪽 | 값 17,000원

 교사, 학교를 바꾸다
정진화 지음 | 372쪽 | 값 17,000원

 함께 배움
학생 주도 배움 중심 수업 이렇게 한다
니시카와 준 지음 | 백경석 옮김 | 280쪽 | 값 15,000원

 공교육은 왜?
홍섭근 지음 | 352쪽 | 값 16,000원

 자기혁신과 공동의 성장을 위한
교사들의 필리버스터
윤양수·원종희·장군·조경삼 지음 | 280쪽 | 값 14,000원

 함께 배움 이렇게 시작한다
니시카와 준 지음 | 백경석 옮김 | 196쪽 | 값 12,000원

 함께 배움 교사의 말하기
니시카와 준 지음 | 백경석 옮김 | 188쪽 | 값 12,000원

 교육과정 통합, 어떻게 할 것인가?
성열관 외 지음 | 192쪽 | 값 13,000원

 미래교육의 열쇠, 창의적 문화교육
심광현·노명우·강정석 지음 | 368쪽 | 값 16,000원

 주제통합수업, 아이들을 수업의 주인공으로!
이윤미 외 지음 | 392쪽 | 값 17,000원

 수업과 교육의 지평을 확장하는 수업 비평
윤양수 지음 | 316쪽 | 값 15,000원
2014 문화체육관광부 우수교양도서

 교사, 선생이 되다
김태은 외 지음 | 260쪽 | 값 13,000원

 교사의 전문성, 어떻게 만들어지나
국제교원노조연맹 보고서 | 김석규 옮김 392쪽 | 값 17,000원

 **수업의 정치**
윤양수·원종희·장군 지음 | 280쪽 | 값 14,000원

 학교협동조합,
현장체험학습과 마을교육공동체를 잇다
주수원 외 지음 | 296쪽 | 값 15,000원

 거꾸로교실,
잠자는 아이들을 깨우는 수업의 비밀
이민경 지음 | 280쪽 | 값 14,000원

 교사는 무엇으로 사는가
정은균 지음 | 292쪽 | 값 15,000원

 마음의 힘을 기르는 감성수업
조선미 외 지음 | 300쪽 | 값 15,000원

 작은 학교 아이들
지경준 엮음 | 376쪽 | 값 17,000원

 아이들의 배움은 어떻게 깊어지는가
이시이 준지 지음 | 방지현·이창희 옮김 | 200쪽 | 값 11,000원

 대한민국 입시혁명
참교육연구소 입시연구팀 지음 | 220쪽 | 값 12,000원

교사를 세우는 교육과정
박승열 지음 | 312쪽 | 값 15,000원

전국 17명 교육감들과 나눈
교육 대담
최창의 대담·기록 | 272쪽 | 값 15,000원

들뢰즈와 가타리를 통해
유아교육 읽기
리세롯 마리엣 올슨 지음 | 이연선 외 옮김 | 328쪽 | 값 17,000원

학교 혁신의 길, 아이들에게 묻다
남궁상운 외 지음 | 272쪽 | 값 15,000원

 학교 민주주의의 불한당들
정은균 지음 | 276쪽 | 값 14,000원

 프레이리의 사상과 실천
사람대사람 지음 | 352쪽 | 값 18,000원
2018 세종도서 학술부문

 교육과정, 수업, 평가의 일체화
리사 카터 지음 | 박승열 외 옮김 | 196쪽 | 값 13,000원

 혁신학교, 한국 교육의 미래를 열다
송순재 외 지음 | 608쪽 | 값 30,000원

 학교를 개선하는 교장
지속가능한 학교 혁신을 위한 실천 전략
마이클 풀란 지음 | 서동연·정효준 옮김 | 216쪽 | 값 13,000원

 페다고지를 위하여
프레네의 『페다고지 불변요소』 읽기
박찬영 지음 | 296쪽 | 값 15,000원

 공자뎐, 논어는 이것이다
유문상 지음 | 392쪽 | 값 18,000원

 노자와 탈현대 문명
홍승표 지음 | 284쪽 | 값 15,000원

 교사와 부모를 위한 **발달교육이란 무엇인가?**
현광일 지음 | 380쪽 | 값 18,000원

 선생님, 민주시민교육이 뭐예요?
염경미 지음 | 244쪽 | 값 15,000원

 교사, 이오덕에게 길을 묻다
이무완 지음 | 328쪽 | 값 15,000원

 어쩌다 혁신학교
유우석 외 지음 | 380쪽 | 값 17,000원

 낙오자 없는 스웨덴 교육
레이프 스트란드베리 지음 | 변광수 옮김 | 208쪽 | 값 13,000원

 미래, 교육을 묻다
정광필 지음 | 232쪽 | 값 15,000원

 끝나지 않은 마지막 수업
장석웅 지음 | 328쪽 | 값 20,000원

 대학, 협동조합으로 교육하라
박주희 외 지음 | 252쪽 | 값 15,000원

 경기꿈의학교
진흥섭 외 지음 | 360쪽 | 값 17,000원

 입시, 어떻게 바꿀 것인가?
노기원 지음 | 306쪽 | 값 15,000원

 학교를 말한다
이성우 지음 | 292쪽 | 값 15,000원

 촛불시대, 혁신교육을 말하다
이용관 지음 | 240쪽 | 값 15,000원

 행복도시 세종, 혁신교육으로 디자인하다
곽순일 외 지음 | 392쪽 | 값 18,000원

 라운드 스터디
이시이 데루마사 외 엮음 | 224쪽 | 값 15,000원

 나는 거꾸로 교실 거꾸로 교사
류광모·임정훈 지음 | 212쪽 | 값 13,000원

 미래교육을 디자인하는 **학교교육과정**
박승열 외 지음 | 348쪽 | 값 18,000원

 교실 속으로 간 **이해중심 교육과정**
온정덕 외 지음 | 224쪽 | 값 13,000원

 흥미진진한 아일랜드 전환학년 이야기
제리 제퍼스 지음 | 최상덕·김호원 옮김 | 508쪽 | 값 27,000원

 교실, 평화를 말하다
따돌림사회연구모임 초등우정팀 지음 | 268쪽 | 값 15,000원

 폭력 교실에 맞서는 용기
따돌림사회연구모임 학급운영팀 지음 | 272쪽 | 값 15,000원

 학교자율운영 2.0
김용 지음 | 240쪽 | 값 15,000원

 그래도 혁신학교
박은혜 외 지음 | 248쪽 | 값 15,000원

 학교자치를 부탁해
유우석 외 지음 | 252쪽 | 값 15,000원

▶ 교과서 밖에서 만나는 역사 교실
상식이 통하는 살아 있는 역사를 만나다

 전봉준과 동학농민혁명
조광환 지음 | 336쪽 | 값 15,000원

 남도의 기억을 걷다
노성태 지음 | 344쪽 | 값 14,000원

 응답하라 한국사 1·2
김은석 지음 | 356쪽·368쪽 | 각권 값 15,000원

 즐거운 국사수업 32강
김남선 지음 | 280쪽 | 값 11,000원

 즐거운 세계사 수업
김은석 지음 | 328쪽 | 값 13,000원

 강화도의 기억을 걷다
최보길 지음 | 276쪽 | 값 14,000원

 광주의 기억을 걷다
노성태 지음 | 348쪽 | 값 15,000원

 선생님도 궁금해하는 한국사의 비밀 20가지
김은석 지음 | 312쪽 | 값 15,000원

 걸림돌
키르스텐 세롭-빌펠트 지음 | 문봉애 옮김
248쪽 | 값 13,000원

 역사수업을 부탁해
열 사람의 한 걸음 지음 | 388쪽 | 값 18,000원

 진실과 거짓, 인물 한국사
하성환 지음 | 400쪽 | 값 18,000원

 우리 역사에서 사라진 근현대 인물 한국사
하성환 지음 | 296쪽 | 값 18,000원

 교과서 밖에서 배우는 역사 공부
정은교 지음 | 292쪽 | 값 14,000원

 팔만대장경도 모르면 빨래판이다
전병철 지음 | 360쪽 | 값 16,000원

  빨래판도 잘 보면 팔만대장경이다
전병철 지음 | 360쪽 | 값 16,000원

   영화는 역사다
강성률 지음 | 288쪽 | 값 13,000원

 친일 영화의 해부학
강성률 지음 | 264쪽 | 값 15,000원

 한국 고대사의 비밀
김은석 지음 | 304쪽 | 값 13,000원

 조선족 근현대 교육사
정미량 지음 | 320쪽 | 값 15,000원

 다시 읽는 조선근대교육의 사상과 운동
윤건차 지음 | 이명실·심성보 옮김 | 516쪽 | 값 25,000원

 음악과 함께 떠나는 세계의 혁명 이야기
조광환 지음 | 292쪽 | 값 15,000원

 논쟁으로 보는 일본 근대교육의 역사
이명실 지음 | 324쪽 | 값 17,000원

다시, 독립의 기억을 걷다
노성태 지음 | 320쪽 | 값 16,000원

▶ 창의적인 협력 수업을 지향하는 삶이 있는 국어 교실
우리말 글을 배우며 세상을 배운다

 중학교 국어 수업 어떻게 할 것인가?
김미경 지음 | 340쪽 | 값 15,000원

 토닥토닥 토론해요
명혜정·이명선·조선미 엮음 | 288쪽 | 값 15,000원

 어린이와 시
오인태 지음 | 192쪽 | 값 12,000원

 토론의 숲에서 나를 만나다
명혜정 엮음 | 312쪽 | 값 15,000원

 인문학의 숲을 거니는 토론 수업
순천국어교사모임 엮음 | 308쪽 | 값 15,000원

 수업, 슬로리딩과 함께
박경숙 외 지음 | 268쪽 | 값 15,000원

▶ 더불어 사는 정의로운 세상을 여는 인문사회과학
사람의 존엄과 평등의 가치를 배운다

밥상혁명
강양구·강이현 지음 | 298쪽 | 값 13,800원

좌우지간 인권이다
안경환 지음 | 288쪽 | 값 13,000원

도덕 교과서 무엇이 문제인가?
김대용 지음 | 272쪽 | 값 14,000원

민주시민교육
심성보 지음 | 544쪽 | 값 25,000원

자율주의와 진보교육
조엘 스프링 지음 | 심성보 옮김 | 320쪽 | 값 15,000원

민주시민을 위한 도덕교육
심성보 지음 | 500쪽 | 값 25,000원
2015 세종도서 학술부문

민주화 이후의 공동체 교육
심성보 지음 | 392쪽 | 값 15,000원
2009 문화체육관광부 우수학술도서

교과서 밖에서 배우는 인문학 공부
정은교 지음 | 280쪽 | 값 13,000원

갈등을 넘어 협력 사회로
이창언·오수길·유문종·신윤관 지음 | 280쪽 | 값 15,000원

오래된 미래교육
정재걸 지음 | 392쪽 | 값 18,000원

동양사상과 마음교육
정재걸 외 지음 | 356쪽 | 값 16,000원
2015 세종도서 학술부문

대한민국 의료혁명
전국보건의료산업노동조합 엮음 | 548쪽 | 값 25,000원

교과서 밖에서 배우는 철학 공부
정은교 지음 | 280쪽 | 값 14,000원

교과서 밖에서 배우는 고전 공부
정은교 지음 | 288쪽 | 값 14,000원

교과서 밖에서 배우는 사회 공부
정은교 지음 | 304쪽 | 값 15,000원

전체 안의 전체 사고 속의 사고
김우창의 인문학을 읽다
현광일 지음 | 320쪽 | 값 15,000원

교과서 밖에서 배우는 윤리 공부
정은교 지음 | 292쪽 | 값 15,000원

카스트로, 종교를 말하다
피델 카스트로·프레이 베토 대담 | 조세종 옮김
420쪽 | 값 21,000원

한글 혁명
김슬옹 지음 | 388쪽 | 값 18,000원

일제강점기 한국철학
이태우 지음 | 448쪽 | 값 25,000원

우리 안의 미래교육
정재걸 지음 | 484쪽 | 값 25,000원

한국 교육 제4의 길을 찾다
이길상 지음 | 400쪽 | 값 21,000원

▶ 평화샘 프로젝트 매뉴얼 시리즈
학교폭력에 대한 근본적인 예방과 대책을 찾는다

학교폭력 어떻게 만들어지는가
문재현 외 지음 | 300쪽 | 값 14,000원

아이들을 살리는 동네
문재현·신동명·김수동 지음 | 204쪽 | 값 10,000원

학교폭력, 멈춰!
문재현 외 지음 | 348쪽 | 값 15,000원

평화! 행복한 학교의 시작
문재현 외 지음 | 252쪽 | 값 12,000원

왕따, 이렇게 해결할 수 있다
문재현 외 지음 | 236쪽 | 값 12,000원

마을에 배움의 길이 있다
문재현 지음 | 208쪽 | 값 10,000원

젊은 부모를 위한 백만 년의 육아 슬기
문재현 지음 | 248쪽 | 값 13,000원

별자리, 인류의 이야기 주머니
문재현·문한뫼 지음 | 444쪽 | 값 20,000원

우리는 마을에 산다
유양우·신동명·김수동·문재현 지음 | 312쪽 | 값 15,000원

▶ 남북이 하나 되는 두물머리 평화교육
분단 극복을 위한 치열한 배움과 실천을 만나다

10년 후 통일
정동영·지승호 지음 | 328쪽 | 값 15,000원

선생님, 통일이 뭐예요?
정경호 지음 | 252쪽 | 값 13,000원

분단시대의 통일교육
성래운 지음 | 428쪽 | 값 18,000원

김창환 교수의 DMZ 지리 이야기
김창환 지음 | 264쪽 | 값 15,000원

한반도 평화교육 어떻게 할 것인가
이기범 외 지음 | 252쪽 | 값 15,000원

▶ 출간 예정

근간 학교는 어떤 공동체인가?
성열관 외 지음

근간 왜 그는 한국으로 돌아왔나?
황선준 지음

근간 비판적 실천을 위한 교육학
이윤미 외 지음

근간 선생님, 페미니즘이 뭐예요?
염경미 지음

근간 프레네 실천 교육학
정훈 지음

근간 경남 역사의 기억을 걷다
류형진 외 지음

근간 마을교육공동체 운동의 역사와 미래
김용련 지음

근간 교사 전쟁
Dana Goldstein 지음 | 유성상 외 옮김

근간 언어던
정은균 지음

근간 자유학기제란 무엇인가?
최상덕 지음

근간 교육이성 비판
조상식 지음

근간 한국 교육 어디서 와서 어디로 가는가?
이주영 지음

근간 식물의 교육학
이차영 지음

근간 삶을 위한
국어교육과정, 어떻게 만들 것인가?
명혜정 지음

근간 콩도르세, 공교육에 관한 다섯 논문
혁명 프랑스에 공교육의 기초를 묻다
니콜라 드 콩도르세 지음 | 이주환 옮김

근간 마을수업, 마을교육과정!
서용선·백윤애 지음

근간 신채호, 역사란 무엇인가?
이주영 지음

근간 즐거운 동아시아 수업
김은석 지음

근간 민·관·학 협치 시대를 여는
마을교육공동체 만들기
김태정 지음

근간 혁신학교,
다함께 만들어 가는 강명초 5년 이야기
이부영 지음

근간 민주주의와 교육
Pilar Ocadiz, Pia Wong, Carlos Torres 지음| 유성상 옮김

근간 미국의 진보주의 교육 운동사
윌리엄 헤이스 지음 | 심성보 외 옮김

근간 민주시민교육을 위한
역사수업 어떻게 할 것인가?
황현정 지음